新世界で未来を拓く
新しい生き方
神様からの伝言
111

A New Way of Life to Open the Bright
Future in a New World by Naruto

なると

はじめに

「この世には、人智を超える世界がある」
「この世には、科学では説明できない現象がある」
そういうと、皆さんは宗教やオカルトに思えるでしょうか。

わたしは、大学での専攻は理工学部でしたし、もともとは唯物論的考え方をもっていましたので、理論や理屈で説明できる事象や目で見える物質的なものに捉われてきました。

しかし、人生を歩むなかで、いくつかの体験を通して、理論や理屈ではどうしても説明できない「奇跡」とでも呼ぶべき現象を目の当たりにしたのです。

その体験について、いろいろと調べたどっていくと、やはりこの世には目に見えない力や人智を超える力が働いていると思わざるを得ない現象に出くわし、いまではそういう力も時として働くのだという結論に達しました。

それをわたしは、生命体の根源に宿る「集合的無意識」とか、「サムシンググレート」とか、「大いなる意志」と言っています。

わたしは、これまで一度も宗教団体に属していたこともなければ、もちろん誰かに指示を受けてこの本を書いているわけではありません。


ただ言えることは、子どもの頃から自然に敬意を抱き、崇拝し、神々は自然にこそ宿っている、だからそうした森羅万象に宿る八百万の神々をたたえなければならないと、誰に教わるでもなく、自然とそう考えてきたのです。

ですから、正月の初詣では、拝殿は形式的には行いますが、それ以上に、境内にある巨木を見つけては手を合わせ、御神木に感謝を伝えることに重きを置いていきました。

いま、この本を手に取ってくださっているあなたはきっと、そのことにはお気付きのことでしょう。


これからの新しい世界は、人間も動物も、植物も鉱物も、生けとし生けるものすべてに神々の分け御霊が宿っており、それらと調和する日本文明が新たに始まるのだと確信しています。

新時代は日本から始まり世界に広がっていくのです。

そして、新時代にふさわしい生き方を本書でご紹介できれば幸いです。


本書の111のメッセージには、「愛」「宇宙」「魂」「お金」「未来」「時間」「人生」「自己」「人間関係」「健康」の10個のキーワードが付随しています。

本書は、敢えてページ数を入れていません。どこからでも読めるようになっています。


パラパラめくって、気になったところに目を通してもいいですし、直感で開いたページをいまのあなたにとって必要なメッセージとして受け取ってみるといいでしょう。


次元上昇のための「なるとスペシャルメッセージ」をお受け取りください。

また、あなたが次元上昇するためのサポーターとして、人生の案内猫の黒猫が登場します。

黒猫の名前は「ルナ」です。

スピリチュアル界では、黒猫は「幸運の前兆」として知られ、古くから神様の使いと言われてきました。日本では商売繁盛の招き猫が有名ですが、古代エジプトにおいては神の化身として扱われていました。

本書中、７種類の黒猫「ルナ」のシルエットが、あなたに次元上昇の波動を送ります。

ルナからの波動を毎日感じ取ってください。

あなたはこれから、新しい地球で、新しい時代にふさわしい、新しい生き方を実現していくのです。

２０２３年３月

心理カウンセラー　なると

招福の黒猫
ルナ

目次　新世界で未来を拓く新しい生き方（神様からの伝言111）

００８　大宇宙はバランスと循環によって成り立っている。

００９　忘れているのは思い出すため。眠っているのは目覚めるため。争うのは優しさの意味を知るため。

０１０　魂は生まれる前にすべての運命を決めてきていない。

０１１　リスクは事実で、恐れは幻想。恐れはあなたがつくり出している。

０１２　あなたの心のなかには小宇宙があり、大宇宙と繋がっている。

０１３　大宇宙は、不完全なあなたを誰よりも愛し、全力でサポートしています。

０１４　「いま」に意識を向けると、ハイヤーセルフと繋がる。

０１５　生まれたら死に向かって進んでいく。「死と生」は表裏一体。「色即是空、空即是色」

０１６　依存⬇自立⬇相互補完。すべてのものは、繋がって生きている。

随筆１　魂の学びは踏み出してからがスタート。

０１７　「宇宙の三神」は「３６９」３は創造と生命、６は維持と陰陽、９は破壊と再生と新世界。

０１８　ウイルスも生命体。無意識をもっている。無意識は根底で繋がっている。

０１９　嫌われることすら気にしない勇気。

０２０　「人間万事塞翁が馬」日々の出来事に一喜一憂せず、淡々と生きること。

０２１　眠りのステージ。気付きのステージ。目覚めのステージ。悟りのステージ。

０２２　陰極まれば陽に転じ、陽極まれば陰に転ず。

０２３　人がもつ、我欲（エゴ）という、悪魔（モンスター）。

０２４　エネルギーは黄金の螺旋構造。皆、螺旋で繋がっている。

０２５　戦争は、正義感と正義感の戦い。尊重する集合意識が平和な世界をつくる。

０２６　世界線は無限にある。別の世界線でそれぞれが生きている。

０２７　「諸法無我」「ワンネス」「一は全、全は一」いろいろな関わり合いのなか、わたしは存在している。

０２８　「前後際断」過去を悔まず、未来を憂えず、いまに最善を尽くす。

０２９　使命とは、自分の命の使い方。誰もが誰かのために生きている。

０３０　素粒子は、意識を向けたところに集まる。

０３１　あなたは、存在そのものに価値がある。自分の存在自体に感謝する。

０３２　過程に注目して、結果に執着しない。

０３３　大宇宙には善悪も優劣も存在しない。

０３４　望まない経験や出来事は、過去世とのバランスで起こっている。

０３５　縛りからの解放。支配から逃れる最善の方法は離れること。

０３６　腸は超大事な臓器！　腸内環境を改善すると波動が上がる。

随筆２　想いは続けて問いかけてください。

０３７　夢や目標は決して逃げない。逃げるのはいつも弱気な自分。

０３８　苦しめれば苦しむ。愛すれば愛される。裁けば裁かれる。許せば許される。

０３９　お金を貯め込むと、エネルギーが下がる。お金の心配をすると、その世界を引き寄せる。

０４０　調和がとれている人は自分に素直で正直。他者にはフラットな姿勢。

041　みずがめ座の時代は、「自由」と「平等」と「助け合い」の時代。
042　争いは争いしか生まない。戦いは分離の意識。世界から戦争が消える日。
043　時代の変化のスピードが加速している。
044　あなたは、あなたのままでいい。あなたは、愛と光の存在です。幸せの神様は、あなたの笑顔に惹かれてやってくる。
045　パラレルワールドを移行し、幸せな人生を実現する。世界線を移行する。
046　宇宙は「バランス」と「循環」と「成長」によって保たれている。
047　他人と比較しなくていい。あなたは誰かの役に立っている。
048　「因果の法則」原因と結果は2つで1つ。
049　魂は主語を特定しない。魂は時間の概念がない。魂はYESとしか答えない。
050　二極化から多極化へ。1つの地球から多世界の地球へ。
051　「阿頼耶識」と「ゼロポイントフィールド」ですべての意識は繋がっている。
052　「客観的な思考」「俯瞰的、鳥瞰的な思考」「宇宙的観点、5次元的思考」で物事を考える。
053　正論は時として軋轢を生む。違う意見を尊重する。

054 「大和」は大いなる調和。「令和」は和を以て貴しとなす。

055 お金への不安が消える。お金への執着が消える。お金の概念がなくなる。

056 暗闇のなかだからこそ、夜空の星々は美しく輝く。

057 病気や不運は、魂からのサイン。焦らず、驕らず、受け入れる。

058 「忙しい」は「心を亡くす」。「時間がまったくない」から「時間はいくらでもある」へ。

059 宇宙は美しい。地球は美しい。人生は美しい。目覚めると、毎日が美しい。

060 魂は、あなたの嘘や愚痴を聞いている。

061 離れるか、受け入れるか。合わない人と離れる勇気。

062 絶対肯定でありのままに受け入れること。

063 人生は素晴らしい天国。あなたは傷つくためではなく、幸せになるために、生まれてきた。

064 金銭欲は、エゴというモンスターが出てきやすい。

065 「病気は気付き」調子の悪さは魂からのサイン。

066 文明も科学技術も常に進化成長する。人類の精神性は時に後退する。

０９１　信念をもちブレない。まずは自分を正す。
０９２　人間はいつまでも未熟である。満足は成長を止める。未熟と認めると、成長は加速する。
０９３　愚痴、不満、批判、言い訳、対立は、「幸せの神様」が逃げていく。
０９４　「分離」から「統合」へ。「所有」から「共有」へ。
０９５　「ワクワク、ドキドキ」したらそれが答え。
０９６　「頑張る」は「我を張る」。頑なに意地を張ること。
０９７　「アダルトチルドレン」や「インナーチャイルド」の克服は、知ること、受け入れること、許すこと。
０９８　出来事は「必要」で「必然」に起こる。
０９９　時として、人は正論より、感情論に流される。
１００　「ありがとう」は、「神様の波動」に近づく、おまじない。
１０１　やりたい時にやる。やりたくなければ休む。やりたくないことを断る。
１０２　自分が自分を信じないで、一体、誰が信じるの？
１０３　選択と自由は２つで１つ。自由と責任も２つで１つ。

００１
愛

ありがとう。
ありがたい。
おかげさまで、
今日も、 生かされています。

わたしたちは「おぎゃー」と生まれてから、ずっと死に向かって進んでいます。豊かになったこの時代において、生かされていることを実感することは少ないでしょう。

「生きていることが当たりまえ」そう考えがちです。

病気になっても、その理由を顧みず、他人のせいにします。

例えば、癌宣告を受けた際、担当医に対し、

「１００％助けてくれるのですよね？　わたしはまだ死にたくないのです。やりたいことはたくさんあるのです」などと言っていませんか？

この世には死なない人間などいません。すべての生命体はいつか必ず死ぬのです。

そして、死ななければ次の「生」は始まりません。

死を恐れるのは通常の感覚ですが、いまこの時、生かされていることへの感謝の気持ちを忘れていませんか？

そんな時こそ、思い出してください。

「ありがとう。ありがたい。おかげさまで、今日も生かされています」

００２
自己

「自己中」は「自己受容」、

「失敗」は「称賛」、

「孤独」は「精神的自由」。

○「自己中」は「自己受容」

いま、世間では「自分軸」を「自己中」と勘違いしている人がいるようです。自分軸とは自己を受容し、他者を尊重する考えです。

つまり、世間的にいう「自己中」は「自己受容」なのです。

○「失敗」は「称賛」

成功者は失敗を厭わないため、チャレンジをたくさんしています。その結果、多数の成功を収める反面、数々の失敗もしています。しかし、成功者の失敗談を聞くと皆、称賛します。

「その失敗があったからこそ、このような成功に繋げられたのですね」と周囲の人は言います。

つまり、失敗は最後に成功した者から見れば、称賛される経験に変わるのです。

○「孤独」は「精神的自由」

孤独は、一般的には独りぼっちというマイナスイメージとして捉えられます。

しかし、精神的に自立している人は皆、孤独のなかを生きています。本来、人間は皆孤独であり、それを認めることでむしろ、自分と向き合えるようになるのです。

孤独とは、自分と向き合う貴重な時間なのです。

００３
魂

人生は魂の学びの旅。
生まれた時よりも
魂は成長し故郷に戻る。

魂の成長に欠かせないのが喜怒哀楽です。

そして、喜怒哀楽の感情が起きるには、失敗や波乱万丈の人生、艱難辛苦の出来事も必要です。

それらの経験や学びから魂は成長するのです。

あの世では、多くのことが瞬時に実現できるため、魂の成長は加速しません。

すなわち、地球は「魂の成長の場」であり、「魂の教室」とも言えます。

それを理解すれば、自ずと怒りや悲しみなどの負の感情も小さくなります。

人間の本質は、肉体や心の前に、心や体を動かす魂という存在があり、その存在の意味を知ることで、出来事を受け入れることができるようになります。

そして、我欲の暴走を止めることができ、犯罪も減ります。

因果応報を知ることで、いまだけ、金だけ、自分だけのわがままな言動が減ります。

現世だけがすべてと捉えて生きることは、さまざまなことに執着してしまうことになり、苦悩を生みます。魂は永遠で、前世も現世も来世もすべてゼロポイントフィールドで繋がっています。

魂は波乱万丈、艱難辛苦の出来事を喜んで受け入れています。

魂は、生まれた時よりも成長して故郷に戻ることを望んでいます。

００４
人生

最終的に成功すれば、
失敗は称賛に変わる。
チャレンジの数だけ失敗は増える。
失敗の数は勇気の大きさ。

「最終的に成功すれば、失敗は称賛に変わる」

そして、「成功するまで止めなければ、すべてが称賛に変わる」

だから、決めたらやり抜くことが大切です。

チャレンジの数だけ失敗があります。

よって、失敗の数はあなたの勇気の大きさを示しています。

つまり、挑戦は、できるかどうかは関係ないのです。

やりたいかどうかで行動を決めるべきです。

新しい世界では、波動が上がり、宇宙からのサポートが得られやすくなります。

「いまはできない」と思えたことでもやってみたら、なんてことはなく、思ったほど難しくなく簡単にできた、なんてこともあるでしょう。

「自分にはこんな才能があったのか」と驚くこともあるでしょう。

そのことに気付いたら、どんどん成功は開けていくのです。

まずは否定せず、始めてみることです。間違った道を通る時もあるでしょう。

それも必要な寄り道なのです。

そんな時は、方向を転換し、新たな道を進んでみれば良いのです。

００５
自己

スピリチュアルとは、
真実と向き合うこと。
自分の本質を知ること。

スピリチュアルとは、真実と向き合うこと、そして、自分の本質を知ることです。

精神や魂、目で見えない世界、科学で証明できない世界などを扱うスピリチュアルは、幻想やイメージと捉える人が多いですが、実際は真実と向き合い、自己の本質を知ることです。

超越的な力の存在を肯定し、ポジティブに受け止める世界です。

表の世界と裏の世界であり、この世界とあの世界の両方を見ていくことです。

わたしたちが万物と共生している世界、あるいは、根底にある世界のようにイメージしておくと分かりやすいかもしれません。

人生を快適に生きる上で大切なことは、まず自分の魂の声を聴いてあげることです。

魂の声を聴くには、まず心の声を聴くことです。

そしてスピリチュアルとは、精神世界に深く関わる大きな力なので、あなたが間違った方向へ進もうとすると、警告や妨害で知らせてくれるのです。

外側の情報は他人がつくっているものです。

しかし、あなたの内側はあなたしか知りません。あなたしか変えられません。

真実探しの旅に出るのであれば、内側に向かってください。

あなたの内側にこそ真実があります。

００６
愛

ロシア人が嫌いなアメリカ人は、
来世はロシア人に生まれます。
男性になりたかった女性は、
来世は男性に生まれます。

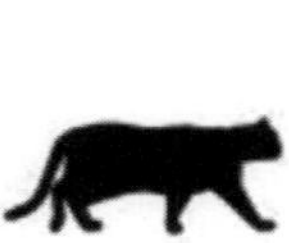

ロシア人が嫌いなアメリカ人は、来世はロシア人に生まれます。

男性になりたかった女性は、来世は男性に生まれます。

A型血液型が嫌いなB型血液型は、来世はA型血液型で生まれます。

学歴で差別をする高学歴の人は、来世は低学歴の人生を計画し、生まれます。

我が子を虐待する親は、来世は虐待される子どもの人生を計画し、生まれます。

なぜならば、このような対立する二項において、正解や優劣や善悪が本当はないことを知ることができるからです。そして、「愛の本質」を知るからです。

また魂は、感情のバランスに偏りがあることを、修正したいからです。

これもカルマです。カルマとは懲罰ではなく、バランスの均衡なのです。

相手の立場に立つことで、どちらが正しいということは、実はなかったこと知るのです。

すでに、前世で反対の立場を経験しているという可能性もあります。

いずれにせよ、対立する反対の立場を経験し、それぞれの立場を学ぶことで、最終的に統合意識となっていくのです。陰と陽が統合するのです。

統合し、調和した先に、輝く黄金の新世界が拓けていくのです。

００７
時間

未来はあなたの意識が
つくっている。
いまの選択によって、
あなたの未来が決まる。

「人智を超える世界がある」素粒子とは、物質を構成する最小単位のことですが、量子力学はそんな世界を示します。

17種類ある素粒子は極めて小さく、質量をもたないものもあります。

原子の大きさを銀河系に例えると、原子核の大きさは太陽系、素粒子の大きさは米粒ほど小さくなります。

したがって、原子の中はスカスカで、エネルギー体で満ち溢れているのです。

わたしたちの体もその他の物質もすべて素粒子の集合体でできています。

いわば、目に見えないエネルギー体が、わたしたちの体なのです。

これは、世界で最も美しい実験と言われる「二重スリット実験」からも分かっています。

さらに、素粒子は意識を向けたところに集まる習性があります。

実はあなたの意識も、素粒子のエネルギーの集合体なのです。

つまり、世界は、そして、未来はあなたの意識がつくり出しているのです。

よって、あなたの未来は、無限に続く不連続のいまの選択によって決まるのです。

その真理に気付いたあなたは、望んだ未来を創造できるのです。

あなたがいま、この世界を創っています。

００８
宇宙

大宇宙は
バランスと循環によって
成り立っている。

この大宇宙はバランスと循環により成り立っています。

例えば、地球と月と太陽の位置や大きさや重力、そして、自転周期や公転周期はすべて絶妙なバランスのものから成り立っています。

このバランスが崩れると、地球は永続的に状態を保つことができず、次第にいまの状態が崩れ、すべての生命体は維持できなくなります。

そしてそのバランスは、循環により成り立っています。

例えば、水の惑星である地球は、適切な水と空気の循環によって生命が維持できています。

地球表面を覆う海の水は蒸発して水蒸気になり、凝結して雲となり、雪や雨として地上に降り注ぎ、蒸発し、地中に浸み込み、地下水や川となり、いずれは再び海に戻るといった水循環があります。

この循環が途絶えると生命は維持できません。これもバランスです。

同じように、地球で起こる大災害、寒冷化や温暖化、パンデミックなども地球の生命維持活動のバランスと循環によって起きています。

すなわち、バランスを保とうとする無意識の働きによって、わたしたちは永続的に生かされているのです。

０ ０ ９
自己

忘れているのは思い出すため。
眠っているのは目覚めるため。
争うのは
優しさの意味を知るため。

あなたは、生まれてくる時に過去世のすべての記憶を消してきています。
なぜなら、忘れていることを思い出すため。

あなたは、大切な何かを忘れています。まだ眠っています。
なぜなら、目覚めの体験をしたいから。

あなたは、他人と比べ、相手と争い、攻撃し、批判します。
なぜなら、本当の優しさの意味を知るため。

あなたは、お金や物質に執着します。
なぜなら、物をつくる人々の想いを知るため。お金のエネルギーを知るため。

すべてに善悪はありません。
善悪は表裏一体です。
すべては学びと経験に繋がります。

０１０
魂

魂は生まれる前に
すべての運命を
決めてきていない。

魂はあなたが人として生まれてくる前にたくさんの出来事を決めてきています。

たくさんの出来事とは、人生の大きな選択や大きな出会いや大きな挫折や大きな病気などです。しかし、それを忘れてきています。

一方、小さな出来事は自分の自由意志により選択できるのです。

この大きな出来事と小さな出来事の違いは何でしょうか？

それは、カルマ（前世から引き継いだ課題）です。

前世でやり残したことを今世でまた繰り返し行うことになっているのです。

その出来事は必ず与えられます。

向き合い方は、人それぞれが決めることができるのです。

そうした選択を繰り返すことにより、魂は成長していくのです。

また、死期（死ぬ時期）も同じです。魂は死期を知っています。

人生の長さに長短あったとしても、優劣はありません。

死を怖がることは無駄なのです。死を怖がっても仕方がないのです。

なぜなら、死期は決まっているからです。

しかし、奇跡が起きる可能性が５％ほどあります。

魂は、すべての運命を決めてきていません。あなたには自由意志があります。

自由意志を行使する時、あなたの世界線が変わるのです。

011
自己

リスクは事実で、
恐れは幻想。
恐れはあなたが
つくり出している。

起こるリスクから目を背けてはいけません。

リスクを想定し準備をすることは大切です。

リスクを想定し不安になることも、起きた出来事で落ち込むこともあなたの自由ですが、それはあなた自身がつくり上げているものです。

つまり、恐れも不安も落胆もあなたの内側から出てきている幻想です。

あなたが望まなければ、その恐れは消えていきます。

恐れを手放してください。

恐れをもつことが、リスクを避けることに繋がるとは限りません。

むしろ、恐れがあなたの判断を歪めることがあります。

同じように失敗の恐れを手放してください。

失敗は受け入れるものです。

失敗しないようなリスクに意識を向けてください。

リスクに対し準備をし、恐れを手放し、起こった事実を受け入れることです。

その先にあなたの幸せな世界が待っているのです。

限界はあなたがつくり上げているものです。あなたに限界はありません。

０１２
宇宙

あなたの心のなかには
小宇宙があり、
大宇宙と繋がっている。

あなたの心のなかの奥深くには小さな宇宙が広がっています。

それを小宇宙といいます。

わたしたちの肉体の上には無限に広がる大宇宙があります。

わたしの肉体は、大宇宙と小宇宙で結ばれています。

ゆえに、大宇宙に発せられたエネルギーやイメージは、小宇宙を経由してあなたに届けられます。

そして、現実を引き寄せます。

わたしは「わたしという宇宙」そのもので、あなたは「あなたという宇宙」そのものです。

そして、宇宙はすべての生命体と繫がっています。

そこには、善悪も、正誤も、上下も、優劣もなく、愛で満たされています。

大宇宙は、不完全なあなたをすべて愛しています。

あなたが望めば、その愛のエネルギーはあなたに降り注いでいきます。

すべての生命体は互いに支え合って生きています。

大宇宙ではあなたもわたしも同じです。

おたがいの人生で互いに助け合っています。

０１３

愛

大宇宙は、
不完全なあなたを
誰よりも愛し、
全力でサポートしています。

わたしたちは三次元世界に来る時に、次元を落としてやって来ます。

三次元世界では、できないこともたくさんあり、失敗もするし、落ち込むこともあります。

そんなわたしたちを大宇宙は誰よりも愛しています、
その愛は、人間の愛を遥かに超え、強く、徹底しています。

それは無条件の愛であり、真実の愛です。

人間のように裏切る、欺く、仕返しをすることはなく、なんの見返りも求めません。

そして、完全なサポートをします。

もし、あなたが、「そんなことはない、いつも宇宙にお願いしているけど、一向に願いが届かない」と感じているとすると、それは、大宇宙からの方向転換のサインが出ているのです。

気付いて欲しいと願っているのです。

大宇宙はそれを直接あなたに伝えるのではなく、あなた自身が自分で気付くことで学びを促しているのです。

大宇宙のサポートはいまもあなたに降り注いでいます。

あとはあなた自身が周波数をそろえてください。

０１４
自己

「いま」に意識を向けると、ハイヤーセルフと繋がる。

「いま」を生きてください。

「いま」だけがハイヤーセルフ（高次元の自分）から与えられた贈り物です。

「いま」だけがハイヤーセルフと繋がるタイミングです。

過去や未来にあなたがいると、ハイヤーセルフへ願いは届きません。

「いま」に集中すると、ハイヤーセルフからあなたにイメージやメッセージが降りてくるのです。

それは、思いがけない、ふとしたことかもしれません。

あなたは気付かず、やり過ごすかもしれません。

それでも大丈夫！

ハイヤーセルフは別のタイミングで再びあなたにメッセージを送ってくれます。

だから、何か気になることがあるならば、繰り返し自分に問いかけてみてください。ハイヤーセルフが何度もメッセージを送るなかで、あなたは気付き、次のステップに進むことでしょう。

だから、「いま」に意識を向けて、自分の「直感」にしたがってください。

「直感」はあなたの魂や、あなたのハイヤーセルフからの重要なメッセージなのです。

015
人生

生まれたら
死に向かって進んでいく。
「生と死」は表裏一体。
「色即是空、空即是色」

わたしたちは生まれた瞬間から「死」に向かって進んでおり、それは生きとし生けるものすべてに共通しています。

死がなければ生もなく、生あるものはすべてに死があるのです。

「死期（死ぬ時期）」は、魂が生まれる前におおむね決めてきます。

おおむねというのは、運命を変えることはわずかに可能であるということです。

あなたの運命が、１００％決められているということはありません。

しかし、人は死ぬ時期を決められないのです。

わたしたちは、「永遠の存在」です。「永遠の意識」をもっています。

魂は、「物質状態」と「量子状態」を繰り返して多くの学びをしています。

それはまるで、回転ドアのように、「この世界」と「あの世界」を行き来しているのです。

「般若心経」では、「色不異空　空不異色　色即是空　空即是色」といいます。

あなたは、終わりのない世界を魂の成長とともに旅をしています。

そして、時間も空間も存在しない「ゼロポイントフィールド」ですべては繋がっています。

そう。あなたのこの一瞬は「永遠に不滅」なのです。

０１６
人間関係

依存⬇自立⬇相互補完。
すべてのものは、
繋がって生きている。

人間は、未熟な時は誰かの助けがないと生きていけません。

生まれたばかりの赤ちゃんは親に「依存」します。

やがて、成人を迎え、一人前になり、自分で考え、行動できると「自立」します。

「相互補完」とは、成熟した大人それぞれが、相手の不足を補い合う関係です。


森林やジャングルなどの自然界では多種多様な動植物が生存していますが、ある一定の種族だけが特別ということはなく、絶妙なバランスで共存しています。

それは、人間の手が加えられなくとも、適度適切にバランスを保っています。

自然界では無意識的にバランスを保つ働きがあるのです。

アメリカのロッキー山脈北部に位置するイエローストーン国立公園では、1926年に野生の狼が人間の手によって完全に駆除されました。

その後、70年間にわたり狼の姿が消えた国立公園では、狼の獲物であったエルク(アメリカアカシカ)の数が大幅に増加していきました。

その結果、公園では木々が大幅に減少し、小動物も魚類も減り、木々がなく禿げた国立公園では土砂災害などが増えてしまったのです。

その対策として行政は、１９９５年に14匹の狼を森林に放ちました。

するると、失われた森の樹木が急速に成長回復し、鳥やリスやビーバー、魚類などが戻ってきたといいます。


このことから分かる通り、この地球上の自然界には、人間含めすべての生物に不要な存在などいないのです。

個々の存在は未熟であると認め、互いに支え合いながら生きていくという意識が重要です。

すべてのものは、繋がって生きているのです。

随筆1

魂の学びは踏み出してからがスタート。

魂の学びは踏み出してからがスタートです。

失敗を恐れては成長に繋がりません。

魂にとって、成功も失敗もありません。

それは人間の自由意志の判断であり、「魂に成功したい」と言っても、魂にはこちらの社会でいうところの成功の概念がありません。

魂はチャレンジすることによって成長します。

チャレンジする時は、あなたに無条件の支援が贈られます。

魂も守護霊もあなたの味方です。

恐れず、前に進んでください。

あなたの成長は止まりません。

社会的成長にこだわらず、あなたの魂の喜びを求めてください。

あなたがワクワクすればそれが答えです。

０１７
宇宙

「宇宙の三神」は「３６９」
３は創造と生命、
６は維持と陰陽、
９は破壊と再生と新世界。

「３６９の数字の秘密を知れば、宇宙への鍵を手にすることができる」

これは天才科学者ニコラ・テスラの言葉です。

「３６９」は「大宇宙の三神」を表しています。

３と６と９は、掛けても、割っても、足しても、引いても、すべて３６９に戻ってくるため、循環しているといえます。

３は創造と生命、６は維持と陰陽、９は破壊と再生と新世界を表しています。

これを「三神一体（ブラフマー神、ヴィシュヌ神、シヴァ神）」といいます。

三神が一体となり、大宇宙の法則のごとく循環を維持した時、世界は調和とバランスを保つのです。

これからの時代は、９の「新世界」に入ります。

６６６は創造も破壊も再生もなく、維持のみの世界となり、これは人間でいえば永遠の命を意味します。永遠の命とは、この世の循環構造の否定となるのです。

今後、６６６の「支配と依存の世界」から、３６９の「循環と調和の新世界」に移行します。

地球は、これまでの６（二極時代）から、９（新世界）に進んでいくのです。

「３６９の精神世界」は日本から始まり、世界へ広がっていきます。

０１８
愛

ウイルスも生命体。
無意識をもっている。
無意識は根底で繋がっている。

地球も太陽も1つの生命体です。

同じように、細菌類もウイルスも人間の細胞の一つひとつも生命体です。

なぜなら、自ら主体的に動き、変化し、進化するからです。

自発的、主体的に動くということは、意識をもっているのです。

その意識は無意識であり、自らの生命を維持するために動いているのです。

そして、その無意識層は、すべての生命体が根底で繋がっているのです。

魂の世界ではそれが分かっているので「あなたはわたしで、わたしはあなた」なのです。

そのウイルスと共存や調和の人生を選ぶのか、敵対や隔離の人生を選ぶのかは、その人の自由意志が決めるのです。

あなたの皮膚の表面には、1㎠あたり約100万個程度の常在菌（微生物）が生息しており、外部からの刺激やウイルスなどの感染から守る働きをしています。

消毒液などで体を無菌状態にするということは、あなたの体を健康に保っている大切な存在を消すことになり、それはすなわち、自分ひとりで多くの悪性細菌類と戦わなければいけないことを意味します。

０１９
自己

嫌われることすら気にしない勇気。

人からの評価を気にしない。

人に過度に合わせない。

合わない環境から離れる。

自らの率直な意見を素直に表現する。

人の反応をうかがい過ぎない。

人の意見と相違があることを厭わない。

このように「自分は自分、他人は他人、違って当たり前」という意識をもてるようになると、もはや「嫌われたらどうしよう」という考えすらなくなります。

これを「目覚めた感覚」といいます。

これまでの社会では批判されるような感覚ですが、これからの社会は波動領域が広がり、分かれてくるため、目覚めた感覚が認知され、当たり前の感覚になります。

一方、「眠りの感覚」では、制限制約の枠組みのなかで生きていくため、常に周りと意見を合わせつつ、周りの評価を意識し、本心を隠してひたすら我慢し、他人に嫌われないよう努力する生き方です。

新しい地球の生き方は、「嫌われる勇気」ではなく、「嫌われることすら気にしない勇気」が必要となります。

０２０
自己

「人間万事塞翁が馬」
日々の出来事に
一喜一憂せず、
淡々と生きること。

「一般的に良い悪いと思う出来事も、必ずしもそうとは限らない」ことの例えを中国の故事で「人間万事塞翁が馬」といいます。

日々の良い出来事や悪い出来事、明るいニュースや暗いニュースなど、一つひとつの事柄に対し、楽観も悲観もせず、いたずらに一喜一憂することなく、動じない心構えで、対処するという自分軸をもつことが大切です。

あるいは、一つひとつの出来事に対し、周りの意見に惑わされることなく、多面的に捉えることが必要です。

日本のことわざでも「勝って驕らず、負けて腐らず」というのがあります。

「驕る」は「あることを誇って思い上がること」という意味であり、「腐る」は「物が朽ち果てる」という意味から転じて、「思いどおりに物事が運ばないため、やる気をなくしてしまう」という意味で使われます。

悲観や楽観の感情がやる気を変えるのであれば、善悪をすぐにジャッジしない姿勢も必要です。

最近はＳＮＳで多くの意見が飛び交うなか、多くの人が周りの空気や意見に影響を受けやすい時代でもありますが、周りの意見に流され過ぎないようにすることが肝要です。

０２１
魂

眠りのステージ。
気付きのステージ。
目覚めのステージ。
悟りのステージ。

「目覚めの感覚」をわたしは4つの階層に分けています。

まず一つ目の「眠りのステージ」は、これまでの競争社会や物質社会や縦社会で生きることを選んだ段階です。

二つ目の「気付きのステージ」は、これまでの社会のおかしな点に気付き始めた段階です。そのおかしな点はある出来事だけではなく、横断的に繋がっています。時間が経つにつれ、問題は1つではないことに気付いてきます。

三つ目の「目覚めのステージ」は、外側の情報はつくられていることに気付き、物事を変えていこうと自ら主体的に動く段階です。そして、物事の本質は外側ではなく自分の内側にあるのだということに徐々に目覚めていきます。このころになると、波動の世界を理解し始めます。

最後の四つ目、「悟りのステージ」は、魂やハイヤーセルフの次元に近づく段階です。

どのステージでも正解や優劣はありません。

どのステージにいようが、他人が評価するものではありません。

自らの魂の成長のために、すべてのステージを誰もが通るのです。

そして、悟りは永遠に続くものであり、ゴールはありません。

０２２

未来

陰極まれば陽に転じ、
陽極まれば陰に転ず。

森羅万象、この世に存在するものすべては「陰」と「陽」から成り立っています。それは、東洋思想の「陰陽論」や「陰陽太極図」でも示されています。

振り子は、通常では重力に従い、下に下がっています。どちらか一方に大きく動かすためには、一度反対側にもってこなくてはいけません。

これは、社会においても、人生においても同じ「宇宙の原理」です。

周りが真っ暗な時こそ、明るくなる前兆です。

周りが浮かれている時こそ、慎重になるべき時です。

太陽も月も同じです。日照時間は毎日変わります。夜明け前が最も暗いのです。

また、もっとも日照時間が長い「夏至」では、陰と陽が抱合する日とされています。

逆に、もっとも日照時間短い「冬至」では、陰と陽が融合して転じる日とされています。陰が極まって陽に転じる日が「冬至」とされているのはそのためです。

冬至は、「一陽来復」といって「悪いことばかりが続いていたのが、ようやく良い方に向いてくる」という意味もあります。

よって、冬至を境に新しいことにチャレンジすると人生が好転していきます。

このように、この世界は二極循環構造となっています。ゆえに、ずっと陰の状態にあるということはあり得ないのです。陰極まれば陽となる日が必ず訪れます。

０２３
自己

人がもつ、
我欲（エゴ）という、
悪魔（モンスター）。

他の生命体とは異なり、人間には自由意志が与えられています。自由意志をもっているからこそ、人間はこの地球で文明を発展させてきました。

「もっと豊かになりたい」「もっと遠くへ行きたい」「もっと多くの人とコミュニケーションを取りたい」「もっと多くのことを知りたい」「もっと幸せになりたい」といった欲求です。しかし、これらの自由意志は際限がないため、時として暴走し、モンスター化するのです。

「お金持ちになって億ションに住みたい」「高級車に乗りたい」「散財して物をたくさん欲しい」「人より高い地位に就きたい」このようなエゴというモンスターは、自らを苦しめ、他人を苦しめ、社会を苦しめ、ひいては、地球を苦しめていきます。

エゴとうまく付き合い、モンスターをコントロールしていかなければ、新しい世界での幸せを感じることができないでしょう。

エゴをコントロールするのは、紛れもなく「あなたの理性」です。

いま一度、自分に問いかけてみる必要があります。

０２４
宇宙

エネルギーは黄金の螺旋構造。
皆、螺旋で繋がっている。

大宇宙には、銀河から地球上にある植物、そして人間の体内の遺伝子まで、この世界の森羅万象いたるところに、螺旋構造をもつ自然物があります。人間のＤＮＡ、ひまわり、銀河、オウム貝、台風、ブラックホール、チャクラなどです。

なぜ、自然界には螺旋構造をもつものが多いのでしょうか？

それは、この世界が波動エネルギーでできているからです。

そして、螺旋エネルギーは強力に物質を引きつける力をもっているからです。螺旋エネルギーには、浄化や調和のエネルギーがあり、秩序の乱れや混沌を調律する力があります。

さらに、螺旋エネルギーの形は、１対１．６１８のフィボナッチ数列になっています。この比率は黄金比と呼ばれ、最もバランスの取れた形なのです。

自然界に螺旋構造のような統一された形があるのは実に神秘的です。

大宇宙は、螺旋の力に乗って、わたしたち人類に大切なメッセージを紡いでいるのです。

わたしたちは皆、螺旋エネルギーで繋がっています。

０２５
愛

戦争は、
正義感と正義感の戦い。
尊重する集合意識が
平和な世界をつくる。

戦争とは、正義感と正義感のぶつかり合いです。

自分が正義で相手が悪だと思っているから、残虐な行為が繰り返され、終わらないのです。

何が正しく、良心は何であるのか、自分の中で正義をもつことは、とても大切なことです。

その正義や良心に従い、自らの言動を正すことはとても重要なことです。

しかし、それを相手に押し付けると、反発を招き、争いとなります。

他人と自分は、人生の経験も違えば、思想や趣味や嗜好も違えば、性別や国籍も違えば、波動も違います。

一人ひとりに「思想良心の自由」があります。

日本では憲法19条で保証されています。

これは、「信教の自由」や「表現の自由」のみならず、「自由に生きる権利」や「自由に判断し行動する権利」も含まれます。

自由を尊重すること。相手を認めること。

その集合意識が、戦争のない平和な世界を創り上げるのです。

０２６
宇宙

世界線は無限にある。
別の世界線でそれぞれが
生きている。

わたしたちが住む地球は、１３８億光年前のビックバンにより誕生した宇宙にあります。そして、その宇宙の外側にはまた別の宇宙があります。

これをマルチバース理論といい、宇宙は無限に存在していると考えられています。

それぞれの宇宙には、また別の世界が広がっています。

異なる地球があり、別のあなたがいます。別の国籍や性別であることもあります。

お互いの宇宙は膨張していますが、それぞれが干渉することは二度とありません。

そして、その膨張する宇宙も生命体です。

生命体である以上いつか爆発して終わりを遂げます。

未来を思い描く時、次元や時空を超えられるわたしたちの意識は、その実在する別の世界線（宇宙）にタイムトラベルしています。パラレルワールドを移行します。

「意識を向けた思考が現実を引き寄せる」という引き寄せの法則とも関係があります。人類の集合意識も世界線移行に影響するのです。

これからは、多くの人がより高次のハイヤーセルフと繋がりやすくなるため、人類全体の想念、考え方、歩み方次第で未来は大きく分岐していきます。

つまり、生きている世界線が人それぞれ変わっていき、別々の世界線でそれぞれが生きていきます。

０２７
魂

「諸法無我」

「ワンネス」

「一は全、全は一」

いろいろな関わり合いのなか、
わたしは存在している。

「すべての物事（諸法）は、互いに影響を及ぼし合い、何1つとして単体で存在する（我）ものはない。つまり、実体はない」これを「諸法無我」といいます。

「いや、そんなことはない、わたしはいまここにいる」と思った方もいるかもしれませんが、これは物質のことを言っているのではありません。

魂レベルで見れば、わたしたちはもともと、1つの存在だったのです。

「わたしはあなたであり、あなたはわたし（ワンネス）」なのです。

前世も現世も来世もすべて「ゼロポイントフィールド」で繋がっています。

また、わたしたち人間を含むさまざまなものは、いろんなものに影響を受けて存在しています。つまり、縁起があって「いまのわたし」が存在しているのです。

どんな存在も、単体で存在しているわけではなく、常に支え合っています。

わたしという存在も、37兆個の細胞で構成され、数百兆個の微生物や細菌と共生しています。

そして、親や祖先がいて、たくさんの食べ物（生命体）を食べて成長し、教育を受けて、いろんな人と出会っていまの自分があります。それは「縁起と因縁」です。

人気漫画『鋼の錬金術師』の「一は全、全は一」も同じことを言っています。

028

人生

「前後際断」

過去を悔まず、
未来を憂えず、
いまに最善を尽くす。

禅の言葉に「前後際断」というのがあります。

「前際（過去）と後際（未来）は断ち切れている」つまり、一瞬一瞬が独立しており、絶対的な存在であり、過去、現在、未来は続いているものではなく、それぞれ不連続であるという意味です。

「過去はどうあがいても変えられず、未来がどうなるか恐れても仕方がない。とにかく『いまここ』に最善を尽くすべきだ」という意味も含まれます。

過去への後悔、未来への不安があることにより、目の前のことに集中できなくなるのです。

目の前のことに全神経を集中するからこそ、「いまここ」であなたのハイヤーセルフと繋がることができるのです。

そして、「いまここ」だけが、自分の自由意志を行使することができるのです。

「いまここ」は神様からのプレゼントです。

心理学者アルフレッド・アドラーは、

「過去を後悔しなくていい。未来に怯えなくていい。そんなところを見るのではなく、いまこの時に集中しなさい」という言葉を残しています。

０２９
自己

使命とは、自分の命の使い方。
誰もが誰かのために生きている。

「使命」というのは、自分の命をどう使うかです。

自分の人生において、自分の命をどう使うのがふさわしいのかを考え、日々を生きるのです。

わたしたちがこの世に生まれた理由は、誰かのために役に立つことを探し、自分なりに体現化することです。

そして、自分のもって生まれた才能を開花させ、夢を叶え、輝いて生きることです。義務や役割ではなく、そのことを考えると自分の気持ちがワクワクしたり、静かに心が燃えたり、自分が誇りに思うことです。

使命に出会うと、守護霊やハイヤーセルフからのアプローチが起きやすいです。

それは、魂や神様から喜ばれるからです。

あなたが生まれてきた意味を知ることができ、魂が微笑むからです。

心理学者アルフレッド・アドラーはこう言っています。

「重要なことは、人が何をもって生まれたかではなく、与えられたものをどう使いこなすかである」

あなたもゆっくりと自分の使命を探してみませんか？

０３０
宇宙

素粒子は、意識を向けたところに集まる。

20世紀最高に美しい実験と言われる「二重スリット実験」からも素粒子は粒子性の物質と波動性の非物資によってできていることが分かっています。

わたしたちも素粒子の集合体です。

そして、素粒子は、観測者が意識することで、粒子性（物質化）を示すことも分かっています。

逆に言うと、観測されるまでは確認できず、すべてが可能性で留まっているので、意識を向けないと素粒子は固定化されません。

少なくとも素粒子のミクロの世界ではそうなっています。

わたしたちの意識は約95％が無意識領域です。

残り約5％の顕在意識を使い、より意識的に想いを強くもてば、現実を引き寄せやすくなるということです。

そして、意識そのものも波動の素粒子でできています。

したがって、自分の望む世界を自分で創り出すには、意図する、決める、宣言する、想像する、考える、伝える、行動する、これらを繰り返し行うことです。

すると、素粒子があなたのところにどんどん集まってきます。

０３１

愛

あなたは、
存在そのものに価値がある。
自分の存在自体に感謝する。

人は、誰かの役に立つために生まれてきています。

あなたもいま、誰かの役に必ず立っています。

そして人は、生まれながらに、存在そのものに価値があります。

価値のない人なんて存在しません。

例え、あなたがどのような状態であろうと価値のある存在です。

だから、自分を信じて、安心して自分の本心と繋がってください。

親がわが子を育てる時も同じです。

ありのまま受け入れ、かけがえのない我が子を他の誰かと比較することなく受容し、その存在自体に感謝してください。

人々は、ただ存在していること自体が他者貢献となっており、価値があるという事実を認識してください。

心理学者アルフレッド・アドラーはこう言っています。

「陰口を言われても、嫌われても、あなたが気にすることはない。相手があなたをどう感じるかは相手の課題なのだから」

あなたはあなた自身でいい。自分の存在に感謝してください。

032

人生

過程に注目して、結果に執着しない。

出来事の過程に注目して、結果には執着しないという姿勢はとても大切です。

出来事は必要であり、必然に起こるものです。

良いことも悪いことも、身に起こることはすべて、必然なのです。

わたしたち人間は、この3次元世界で学ぶために来ているのです。

とすれば、結果にあまり執着し過ぎることは賢明ではありません。

結果に至るまでの過程に重きをおき、学ぶために必要なメッセージを受け取りましょう。

過程に注目して、結果に執着しないこと、過去の後悔、未来の不安を捨てることが大切です。

そして、いまを精一杯生きることを心がけましょう。

もし失敗しても、学びのために必要だったと捉えてみましょう。

自分を責めず、他人を責めず、また、他人に期待しないことです。

人間はいつまでも未熟であると認めることです。

また、未熟な自分や他人を許すことです。

すると、穏やかな気持ちがあなたを幸せにします。

033
宇宙

大宇宙には善悪も優劣も
存在しない。

大宇宙には、善悪や優劣、上下や常識非常識というものは存在しません。

それらは、物質社会であり競争社会であるこの地球が、良かれと思ってつくったものです。

この物質社会で人々は、思い込みに支配されているということを、まず認識しましょう。

では、なぜ大宇宙には、善悪も優劣もないのでしょうか？

それは、大宇宙はワンネス（あなたはわたしでわたしはあなた）であり、主語をもたないからです。大宇宙はすべてを含んだ1つの点から始まっています。

しかし、人間はどうしても主観で物事を見てしまいがちです。

立場を変えて、視点を変えて、時代を変えてみることができれば、それは魂の領域（5次元の世界）に近づいているといえます。

物事の捉え方を俯瞰的に見ることができれば、争いも対立も減るでしょう。

感情の起伏が小さくなり、ネガティブな出来事に対してもポジティブな出来事に対しても一喜一憂することが減ります。

人類は徐々に、このような意識ができるように変化していくのです。

新しい世界での生き方は、当たり前にそういう考え方ができるようになります。

最終的には、自由、平等、平和で調和のとれた時代がやってきます。

０３４
魂

望まない経験や出来事は、過去世とのバランスで起こっている。

自分の望まない出来事は、過去世とのバランスによって起こっています。

それは個人レベルでも、集団レベルでも、地球レベルでも同じです。

なぜなら、大宇宙には周期があるからです。

また、大宇宙には、常にバランスを保つ働きがあるからです。

例えば、太陽活動には周期性があり、活動期と停滞期によって地球は影響を受け、歴史的にみると温暖化と寒冷化を繰り返しています。

縄文時代後期は、寒冷化で人口が減少しました。

弥生～平安時代は、温暖化で人口が増えました。

室町～江戸時代は、寒冷化で人口増加が止まりました。

明治～昭和時代は、また温暖化となり、人口が爆発的に増えました。

そして、平成～令和時代は、徐々に寒冷化に入り、人口減少社会に入ろうとしています。

これも太陽と地球のバイオリズムであり、大宇宙がバランスを保っているから生じていることなのです。

この世界はバランスと循環によって成り立っています。

０３５

愛

縛りからの解放。
支配から逃れる
最善の方法は
離れること。

学校、会社、友人、親、夫婦、政府などにおいて、他者を支配しようとする組織（人物）は、一定数は必ず存在するでしょう。

支配される者からすると、指示を受け、従い続けることに疲れきってしまうこともあるかもしれません。

支配されることに疲れた人は、支配者（物）から離れることが最善です。

自分自身を縛っているものから、自分を開放してあげることです。

どうしても人は、支配されることに慣れてしまうと、本当は抜け出したいのに依存し、「支配された状態でいかにうまくやるか」を優先してしまいがちですが、それではいつまでも支配と依存の関係から脱することはできません。

そうではなく、新しい世界では、「脱支配の先の生き方」をぜひ検討してほしいと思います。

まずは、自分が安心できる場所を探すことです。そして、自分はどうしたいのかを改めて見つめ、気持ちから離していきましょう。

すると、自分自身の問題と自然と向き合うことになります。

自分自身を縛っているものから自分を解放した結果、以前よりも自由に動けるようになります。

結局は、自分の「生きがい」を見つけるということがとても大切なのです。

036
健康

腸は超大事な臓器！腸内環境を改善すると波動が上がる。

腸は超大事な臓器です。

腸は、生物のなかでも最も古い臓器といわれ、腸をもたない生物はほぼいないともいわれています。

また、腸は第二の脳ともいわれていますが、実は脳より腸のほうが最初につくられるため、腸が本家で脳が分家ともいえるかもしれません。

腸には1億もの神経細胞があり、脳からの指令がなくても自律的に判断し、他の臓器に直接働きかけることができます。ゆえに、腸と脳は相関しています。

また、砂糖、アルコール、薬物など欲望を満たす類の物を摂取すると、人の脳は幸福感を覚え、それが途絶えてしまうと焦燥感や倦怠感から暴力性が増すのです。

腸内環境の悪化は性格をも変えてしまいます。

このようにみると、腸は脳より素直であると言えます。

腸内では身体に悪いものは外に排除しようと下痢を起こし、腸壁に穴をあけます。

これをリーキガット症候群といいます。

うつ病の予防となるセロトニンというホルモンは、主に腸内にある細菌から生成されます。セロトニンの原料である「5―HTP」は、腸内細菌により脳内に運ばれ、セロトニンが生成（合成）されます。

5—HTPは、腸内に90％、血小板に8％、脳に2％存在します。腸内環境が悪化すると、ストレス過多になり、記憶力や判断力、思考力も低下します。

腸には1000種類、100兆個もの微生物（腸内細菌）が常在しています。腸管の中では、さまざまな腸内細菌が菌種ごとに塊（グループ）をつくっていて、それらの塊が腸管の内壁に隙間なく張りついています。

これを腸内フローラといいます。

腸内細菌の理想的な比率は、善玉菌が20％、悪玉菌が10％、日和見菌が70％といわれています。

善玉菌は、食べ物の消化や吸収を助けたり、免疫機能を高めたりします。そして、腸内を弱酸性に保ち、セロトニンの産生を促します。

悪玉菌は、腸内の食べカスを腐敗させ、毒性物質（硫化水素やアンモニアなど）をつくりだし、腸内をアルカリ性にします。よって、悪玉菌も、完全に撲滅せずに「少なめに共存」させておくことが理想です。

日和見菌は、基本的には善悪どちらにも属さないが、腸内でどちらか優勢な方に加担する形で変化します。

腸内は地球環境の生態系の縮図といえるため、腸内環境を改善すると波動が上がります。

随筆2

想いは続けて問いかけてください。

「自分のやりたいことが見つからない」

たびたび相談されることがあります。

見つからないのであれば、すぐに見つけなくてもいいです。

ただし、続けて自分に問いかけてみてください。

魂は、すぐに反応してくれるとは限りません。

しかし、あなた自身に見つけて欲しいと望んでいるため、その時が来ればおのずと見つかるはずです。

また、直接見つからなくても、ヒントとなる出来事が起こることはよくあります。

何度も自分に、あきらめずに問いかけていると、そのヒントに気付き易くなるのです。

あなたの人生は、焦らず問いかけ続けた先にきっと拓けていきます。

自分を信じて問いかけてみて下さい。

０３７
自己

夢や目標は
決して逃げない。
逃げるのは
いつも弱気な自分。

「あなたの夢や目標は何ですか？」

と尋ねられた時何と答えますか？

年齢や家族、時間やお金を理由に「そんなのありませんよ」と言っていませんか？

あるいは、「映画を観ること」「サッカーをしている時が楽しい」とか現実に容易にできることを挙げていませんか？

それには、「わたしにはどうせできない」という考えが入っているのです。

「夢をもつこと自体が悪いこと」というイメージすらあります。

地球は規律が強い星です。

学校や社会で規律を重要視するなかで、「自分の想いを外に出してはいけない」という感情を植え付けられてしまったのです。

魂は、惰性で人生を過ごすために地球に来ているのではありません。

あなたのワクワクを実現するために来ているのです。

魂は、あなたがチャレンジから獲得することで得られる成長のために来ているのです。

弱気にならず、自分を信じてください。

弱気は、夢や希望の実現を遠ざけます。

０３８
人生

苦しめれば苦しむ。
愛すれば愛される。
裁けば裁かれる。
許せば許される。

この大宇宙は、因果の世界であり、循環の世界ですから、与えたものは返ってくるという仕組みがあります。また、逆に与えなければ返ってこないのです。

つまり、

「苦しめれば苦しむ。苦しめなければ苦しまない」

「愛すれば愛される。愛さなければ愛されない」

「裁けば裁かれる。裁かなければ裁かれない」

「許せば許される。許さなければ許されない」


という法則があるのです。

同じように、

「攻撃すれば攻撃される。攻撃しなければ攻撃されない」

「与えれば与えられる。与えなければ与えられない」

「嫌えば嫌われる。嫌わなければ嫌われない」

「感謝すれば感謝される。感謝しなければ感謝されない」

「騙せば騙される。騙さなければ騙されない」


ということになります。

この世界は「あなたはわたし、わたしはあなた」で成り立っているのです。

０３９
お金

お金を貯め込むと、
エネルギーが下がる。
お金の心配をすると、
その世界を引き寄せる。

お金はエネルギーです。

よって、お金を循環しないで停滞させると、エネルギーが低下します。

空気や水に例えれば分かり易いですが、停滞は質の悪化を招きます。

そして、お金は、必要な時に必要なだけ流れてきます。

将来の心配ばかりして貯め込むのは、お金の役目を果たしていないことになります。


お金の心配をすると、その世界を引き寄せます。

また、お金に対する罪悪感も手放しましょう。

お金に対する罪悪感など偏見の感情を手放すと、自ずとお金が入ってきます。

お金に対する執着心も捨てましょう。

お金を欲望のまま無駄に使うと自滅することがあります。

その場合、お金が悪いのではなく、人間がもつ我欲（エゴ）が時として暴走し、問題を起こすのです。お金が悪者なのではなく、人間のエゴが悪者なのです。

そして、お金は感謝の対価です。

自分にも、家族にも、他人にも、感謝のために使いましょう。

お金は感謝を交換するための道具に過ぎません。

040

人間関係

調和がとれている人は
自分に素直で正直。
他者にはフラットな姿勢。

調和がとれている人は、自分に素直で正直なのです。

なぜならば、心の中の表と裏が一体だからです。

表裏二元論で分かれず、感情の統合ができているからです。

自分を隠したり、我慢したりしないいため、平穏な感情でいられます。

個性を思う存分に表現できます。

また、いつでも、どこでも、ありのままの自分を見せることができ、自分らしくいられます。

誰かに、批判されたり、否定されたりすることを恐れません。

そして、他者を同じように扱います。

自分も他者も同じように扱い、フラットな目線でいられます。

利他の精神でいられます。

あなたは、自分の生きる意味や使命を見つけるために、この星にやって来ています。

自分にも他者にも素直に、そしてフラットに接すると未来が拓けてきます。

新しい世界では、そういったそんな感覚の人が増えていきます。

「令和の時代」は、そのような「調和の時代」です。

すでに、その世界は始まっています。

０４１
未来

みずがめ座の時代は、「自由」と「平等」と「助け合い」の時代。

みずがめ座の時代は、「自由」と「平等」と「助け合い」の時代です。

これから日本は、ますます人口減少社会に入ります。

日本だけではなく、全世界的、とりわけ先進国中心にそうなります。

これまでの、お金や物や地位が優先といった資本主義経済中心の社会は徐々に後退していき、自由と平等と調和と助け合いの精神が主流の時代に変わっていくのです。

そのため、経済や競争を求めれば求めるほど、うまくいかなかったり、衝突したり、苦しむことが増えるでしょう。

これからは、経済中心主義では成り立たなくなるのです。

それは、この地球が新しい波動に入ってきたからに他なりません。

みずがめ座の時代になることで差別や格差、迷信と混乱がはびこる旧体制が打ち砕かれ、誰もが平等で個人としての自由を謳歌できる理想的な社会へと発展していくようになるのです。

しばらくは、うお座の時代からみずがめ座の時代への移行期であるため、価値の転換や痛みを伴う突然の変化が起こりやすい激動時期であることも注意が必要です。

しかし、その先には愛と調和の黄金時代が訪れることでしょう。

０４２
愛

争いは争いしか生まない。
戦いは分離の意識。
世界から戦争が消える日。

戦いや争いは同じ波動のレベルでしか起こりません。

正確に言えば、違う波動の者同士でも戦っている時は、波動がそろっています。

波動というのは、常々変化しているのです。

普段「波長が合わない」と思っている人でも、論争している時は波長がそろっています。

最近ブームになっている格闘技も同じです。類は友を呼びます。

自分は、相手が悪いと思って、正義感をもって争っていても、お互いの波動は同じなのです。戦争も同じです。

争いという低い波動に引き寄せられないためには、離れることが大切です。

なぜ、世界で戦争が絶えないかといえば、人類が愛の波動を忘れているからです。

あなたのもともとの存在は「愛と光そのもの」なのだということを思い出せばよいだけなのです。

いま、世界中で人々の意識が上昇しています。

いずれ世界から戦争が消える日が来ます。

戦いは分離の意識であり、統合意識になる時、調和が訪れるのです。

０４３
時間

時代の変化のスピードが加速している。

「目覚めの人生」を選択する人たちが増えてきています。
時代の変化のスピードが、日に日に加速しています。
人類の覚醒がどんどん進んでいます。
いろいろな悪事が暴かれつつあります。
宇宙の真実が徐々にディスクロージャーされていきます。
一方で、「眠りの人生」を選択した人たちもいます。
その人たちのなかでは、これまでの社会が継続していきます。
目覚めの人生と眠りの人生は、どちらが正しいということはありません。
科学技術はこれからもどんどん進展していきます。
量子コンピューターはスーパーコンピューターの15億倍以上の性能があります。
量子コンピューターの完成により、嘘や隠し事はすべて暴かれることになります。
量子コンピューターの完成目途は２０２９年頃です。
それに合わせ、社会のデジタル化は急速に発展し、国民の意識も進化していきます。
嘘、偽り、隠し事のない黄金の世界がいずれやってくるのです。
時代の変化のスピードに、あなたは気が付いていますか。

０４４
愛

あなたは、あなたのままでいい。
あなたは、愛と光の存在です。
幸せの神様は、あなたの笑顔に
惹かれてやってくる。

あなたは、あなたのままでいい。
あなたは、愛と光の存在です。
欠点や短所は、あなたの個性です。
失敗や挫折も、あなたは望んで計画してきました。
なにも罪悪感をもつ必要はありません。
あなたは無価値な存在であるはずがありません。
あなたたち一人ひとりが尊ぶべき存在です。
思い出してください。あなたが望んでいた人生を。

今回の人生は一度きり。
この一瞬は、あなたにいま、与えられている。
優しくいようよ。
楽しくやろうよ。
笑っていようよ。
それだけで、幸せエネルギーが宇宙から降りそそぐことでしょう。
幸せの神様は、あなたの笑顔に惹かれてやってくるのですから。

０４５
時間

パラレルワールドを移行し、
幸せな人生を実現する。
世界線を移行する。

あなたはいつでもパラレルワールドを移行し、幸せな人生を実現することができるのです。

自分が体験する世界は、すべて自分の内面がつくり出していることを知ってください。

誰かのせいで不機嫌になっているのではなく、自分がつくり出していることを受け入れてください。

自分の選択に１００％責任をもってください。

不幸な世界を変えられるのは、他の誰でもなく自分自身であると自覚してください。

自分が放つ幸せなフォトン（光の素粒子）は、自分の意識で量も質も変えられることを知ってください。

自分にはなんでも実現できる魂や守護霊がいることを信じてください。

あなたはいますぐに、幸せな世界に移動できます。

この世界は、複数の世界線が同時に展開している、パラパラ漫画のようなものなのです。

０４６

宇宙

宇宙は「バランス」と「循環」と「成長」によって保たれている。

この大宇宙には、「常にバランスを保つ力が働く」というとてもシンプルかつ絶対的な法則があります。

この法則を東洋思想にあてはめると、「中庸」という考え方になります。

「中庸」とは、「極端ではなく、妥当である」という意味です。

この考え方は、物理学にもみることができ、左に行き過ぎたものは均衡をとろうとして、必ず右にぶれようとする働きが加わり、均衡状態になる（「ルシャトリエの法則」）というものです。こうしたバランスをとろうとする力は、万物すべてに共通し、わたしたち人生にも言えることなのです。宇宙に存在するあらゆるものの構造には、「陰」と「陽」の二極からなり、お互いバランスを保ち、全体を均衡させる力が働くのです。西洋文明が行き過ぎれば、逆の東洋文明を進める目に見えない力が働くことも同じです。

いまある現在の状態は、過去の積み重ねの上にあり、そしていまこの瞬間の積み重ねの先に未来があります。そして、バランスは循環によって起こります。それは螺旋構造をする発展した形（成長）をしているのです。

「バランス」を保たなければ、「循環」もなく、「成長」もなく、「永続」もありません。

０４７
愛

他人と比較しなくていい。
あなたは誰かの
役に立っている。

すでに、あなたは誰かの役に立っています。

大小や上下や優劣は関係ありません。

あなたは、そのままでいい。

あなたは、ありのままでいい。

あなたは、貴重な存在です。

あなたは、存在そのものに意味があり、価値があります。

もともと貴重で完璧な愛と光の存在だということを思い出してください。

「無用の用」とは、「一見役に立たないと思われるものが、実は大きな役割を果たしている」という意味で、老子や荘子が言った言葉です。

また、「世の中の評価は変わりゆくから絶対的な価値なんて存在しない」という意味も込められています。

人の評価も変わりうるものです。

いま、あなたが評価されていなくても、いずれあなたを理解してくれる方が現れます。

他人と比較する必要はありません。

一喜一憂せず、どこかで誰かの役に立っていることに自信をもってください。

０４８

人生

「因果の法則」
原因と結果は２つで１つ。

この世には「因果の法則」という、自分がした行いは必ず自分に返ってくるという法則があります。

つまり、原因を生み出すと、必ず結果も伴います。

原因と結果は2つで1つなのです。

仏教で説かれる「自因自果」とは、「自分のまいたタネは、自分が刈り取らなければならない」という意味です。

また、生命にしても何にしても、万物は因と縁が結びついて存在しており、これを「因縁和合して結果が生じる」と言います。

したがって、「因果の法則」は、正確には「因縁果の法則」となります。

また、「過去の因を知らんと欲すれば、現在の果を見よ、未来の果を知らんと欲すれば、現在の因を見よ」という言葉もあり、これを「因果経」と言います。

これは、「過去の原因を知りたいならば、現在の結果を見なさい。未来の結果を知りたいならば、現在の原因を見なさい」という教えです。

しかし一方で、自由意志は阿頼耶識に本来的に備わっています。

運命は、学びと自由意志で変えることもできます。

０４９

魂

魂は主語を特定しない。
魂は時間の概念がない。
魂はＹＥＳとしか答えない。

「脳は主語を特定できない」とよく言われます。

実際は顕在意識で主語を特定するので、主語を特定できないのは脳の潜在意識の部分ということになります。

潜在意識は「魂の声」という言い方もでき、魂は主語を特定できないのです。

したがって、自分に対してはもちろん、他の人に対しても、「すごいよ!」「きっと、うまくいく!」「素敵ですね」などのポジティブな言葉を言うと、自分自身がその言葉通りどんどん輝いていきます。

同じように、魂（潜在意識）には時間の概念もありません。

時間は、この物質社会において形づくられたものだからです。

意識が高次元化していくほど、時間の概念が歪んでいきます。

最終的に、時間の感覚が無くなります。

また、魂（潜在意識）は、善悪をもたないため「ＹＥＳ」としか言いません。

あなたの顕在意識の指示に対し、すべて「ＹＥＳ」と答えるのです。

潜在意識と顕在意識はいずれ融合し、統合意識へと発展していきます。

０５０
未来

二極化から多極化へ。1つの地球から多世界の地球へ。

これまでの同一行動主義の全体主義的な考えは、これからは、個別尊重主義に変わっていき、意見や思想や考え方が２つに分かれてきています。

さらに時間が経過すると、その意見や思想や考え方は多極化していきます。

それはこの世が波動（エネルギー）でできているため、当然で必然の動きです。

世界が分かれ「１つの地球」ではなくなり、多世界の地球に変わっていきます。

それは「現実」ではなく、「意識」のなかでの多世界の地球という意味です。

あくまで、物質的には地球は１つです。

時間が経つにつれ、人の意識はより高次元化していきます。

意識が高次元化すると、意識を向けるのは目に見えるものではなくなります。

見えない世界に意識が向かいます。

その見えない世界において、世界は複数あり、無限に存在することに気が付きます。

そして、その世界を一人ひとりが選んで、別々の世界を生きていくのです。

あなたが、世界をつくっています。

あなたが選んだ世界で、あなたは生きています。

０５１
宇宙

「阿頼耶識」と「ゼロポイントフィールド」ですべての意識は繋がっている。

仏教では、人を構成する8つの意識を「八識」といいます。

1．「眼識」
2．「耳識」
3．「鼻識」
4．「舌識」
5．「身識」

以上の5つで「五感」です。

6．「意識」は理性
7．「末那識」は真我

を表します。さらに、最深層に位置するのが、

8．「阿頼耶識」

です。そして、阿頼耶識は人々の根底で繋がっているのです。

それは、量子物理学では「ゼロポイントフィールド」と言い、スピリチュアルでは「アカシックレコード」とも言います。

前世も現世も来世も、すべての出来事（因果）は繋がっています。また、引き継がれていきます。

０５２
宇宙

「客観的な思考」

「俯瞰的、鳥瞰的な思考」

「宇宙的観点、５次元的思考」

で物事を考える。

新しい時代では、物事の捉え方が徐々に変わっていきます。

次の3つの段階を経て発展していきます。

1．「客観的な思考」……相手や第三者の立場に立って物事を捉えられる思考

2．「俯瞰的、鳥瞰的な思考」……誰の立場にも立たず、フラットな目線で物事を捉える思考

3．「宇宙的観点、5次元的思考」……大宇宙の創造主、サムシンググレート（大いなる存在）の立場で物事を捉える思考

わたしたちは、どうしても主観で物事を見てしまいがちです。

しかし、物事や事態、思考を全体的に眺め、高いところから広い範囲で下界を見下ろし、全体像を捉える力が必要です。

これらの考えがないと、視野が狭くなり、自分本位に陥ってしまいがちです。

時には、他人の考えや立場を理解することができず、感情的になることもあるでしょう。

できるだけ、相手の立場も踏まえて、誰の立場にも立たず、フラットな目線で全体を見ていくことで、問題解決や相手との関係がより良いものに変わっていきます。

０５３
人間関係

正論は時として軋轢を生む。違う意見を尊重する。

正論は時として軋轢を生みます。

自分と違う相手の意見を尊重することも大切です。

新しい時代は、個性が尊重される時代となるため、自分と異なる意見も認める寛容さが求められます。

正論を振りかざす人の特徴として、「正義感が強い」「負けず嫌い」「プライドが高い」「競争心が強い」「頑固である」などが挙げられます。

そういう人の主義主張は理解できるが、心情的にどうしても近寄りづらいということになりかねません。

そうならないためには、

「善悪や正誤をジャッジしないこと」

「他人との違いを楽しむこと」

などを意識するとよいでしょう。

いまは新しい時代への移行期ですから、意見の衝突が生じるのは仕方ありません。

相手の話を聴く際には「意見が合わなくても押し付けてこなければいいや」くらいの気持ちで、気持ちを楽にして聴いてあげるとよいです。

０５４
未来

「大和」は大いなる調和。
「令和」は和を以て貴しとなす。

「令和」は「和を以て貴しとなすこと」という神様からのメッセージです。

ここでいう神様とは「森羅万象、八百万の神」であり、つまり、サムシンググレート（大いなる存在）のことです。

「和を以て貴しとなす」は、聖徳太子が西暦６０４年に「十七条憲法」第一条で唱えた言葉で、「和」の精神とは、自分にも人にも正直に、正しきも間違いも認め合い、理解し合い、尊重し合い、活かし合うという意味があります。

日本は、世界のお手本（雛形）とならなければいけません。

それは、大いなるミッションです。

大いなる神の想い、宇宙の意志、自然の恵みを人々が受け取り、お互いを傷つけることなく、皆仲よくすること。

互いに相手を大切にし、協力し合う関係であること。

そして、調和のとれた平和な世の中を国民一丸となって創っていくこと。

個人個人を尊重し、それぞれの力を合わせて、さらに素晴らしいものを生み出していくこと。

「アングロサクソン文明」から「日本の和文明」へ。

「地の時代」から「風の時代」へ。

０５５

お金

お金への不安が消える。
お金への執着が消える。
お金の概念がなくなる。

お金は物質社会の象徴といえます。

物質社会優位の縦社会がゆっくりと薄れていき、新しい時代が始まります。

いずれお金の概念がなくなります。

お金の概念がなくなる前に、人々のお金に対する意識が変わっていきます。

お金に対する不安がなくなります。

お金に対する執着がなくなります。

お金に対する優先順位が下がります。

お金の執着がなくなる前に、人と比べる概念がなくならなくてはいけません。

お金はただの道具です。

物々交換を行うためのツール（尺度）に過ぎません。

お金自体は悪くなく、「汚い」「罪悪感」というのは、刷り込まれたイメージです。

むしろ、お金に執着した人間のエゴにより、自制ができず、コントロール不能になるためにさまざまな問題が起こるのです。

近いうちに、お金に対する考えが変わっていくとともに、生活に必要なお金（ベイシックインカム）が政府から配られるようになるでしょう。

お金や物や地位に対する執着が薄れた先に、お金の概念はなくなることでしょう。

056

宇宙

暗闇のなかだからこそ、
夜空の星々は美しく輝く。

輝くきれいな星々を観測したいと思った時、あなたはどこを選びますか？

繁華街で月や星々をきれいに眺めることはできません。

天体観測をする時は繁華街を選ばず、明かりの少ない場所を選びますね。

人生においても、社会においても、同じことがいえます。

つまり、周りが悲観的になり、真っ暗な感情の時こそ、美しく輝く光を見つけ易いといえます。

この世界は、陰と陽の二極でできています。

暗闇のなかにも光明は確実に存在しています。

落ち込んでいないで、その光を一緒に見つけてみませんか？

将来に漠然とした不安を抱えてばかりだと光明は見つけられません。

過度に不安になる必要はありません。不安や恐れを手放してください。

もしかしたら、あなたは不安な世界を体験したいのかもしれません。

夜明け前の深夜がもっとも暗いのです。

しかし、明けない夜はありません。太陽は必ずまた昇ります。

確実に世界は良い方向に向かっています。

あとはあなたが信じるか否かです。

０５７

魂

病気や不運は、
魂からのサイン。
焦らず、驕らず、
受け入れる。

「うまくいっていたのに、なぜか急にうまくいかなくなった」

「なんだか運気が悪くなった気がする」

「突然病気になってしまった」

という時、それは魂からのメッセージです。

「うまくいかない根本的なものを手放し、次のステージに行きましょう」

魂は、そう言っているのです。

「執着を手放してください」

「新たなことにチャレンジしてください」

「苦しみや悲しみから何かを掴んでください。学んでください」

魂のそんな声が聞こえてきます。

焦らず、驕らず、現状を受け入れることが大切です。

時には休むことも必要です。

いつかどこかで、急にふっと魂からのアクセスがあるはずです。

その情報をキャッチして、素直な気持ちで直感にしたがって実行してみてください。

そうするといずれ、世界がガラリと変わり、人生が拓けます。

０５８
時間

「忙しい」は「心を亡くす」。
「時間がまったくない」から
「時間はいくらでもある」へ。

物も時間も能力も「ない」ことに意識を向けるのをやめましょう。

それらは意識がつくり上げるものだからです。

時間についても、「ない」という不足感に着目すれば、どんどん時間を失っていきます。

一方、「ある」という充足感に着目すれば、次々と時間を引き寄せることができます。


「忙しい」という字は、「心を亡くす」と書きます。

忙しいと思っていると心に余裕がなくなり、いまに集中ができません。

結果的に、時間を有効に使えなくなってしまいます。

気持ちにゆとりをもつことが大切です。

意識を「いま、ここ」に集中し、能率を高めるには、リラックスして、ワクワクして楽しむことです。

結果的に、あなたの意識が、時間を何倍にも増やしてくれるでしょう。

今日からあなたは、「時間がまったくない」という意識を手放し、「時間はいくらでもある」という意識に変えていきます。

０５９

人生

宇宙は美しい。
地球は美しい。
人生は美しい。
目覚めると、毎日が美しい。

人生はとても美しい。

いまが不安である人は、まだ覚醒しておらず、眠っているのかもしれません。

生まれつき目が見えない人、耳が聞こえない人、声が出せない人、手足が不自由である人、そういう人たちが、もし五体満足で生活できるようになったら、それだけでどれほど幸せに感じるでしょうか？

あなたは自分の意思で歩き、声を出し、自由に目で見ることができる。

あなたはそれでも、毎日が不安ですか？

その一瞬一瞬を感動せずにはいられない気持ちになれば、あなたはいますぐに幸せな世界で生きることができます。

偶然が重なり合ってできた水の惑星「地球」で生かされているのですから、そのことに感謝できれば、いますぐに幸せな人生を送ることができます。

そして、あなたは目覚める感覚を体験します。

「なんて、宇宙は美しいのだ。なんて、地球は美しいのだ。

そして、人生も美しい。毎日が美しい。

大宇宙に生かされている感謝をわたしは忘れない。

次の時代に進化をもたらすために、わたしはいまここにいる」

060
魂

魂は、あなたの嘘や愚痴を聞いている。

例え、他人に嘘をつけても、自分の魂には嘘はつけません、魂はその嘘を聞いていて、仮にあなたが忘れたとしても覚えています。

ゼロポイントフィールドに記録されているのです。

だから、言行一致で自分に素直になってください。

同じように、魂はあなたの愚痴や批判を聞いています。

魂は主語を特定しないため、他人や自分という区別がなく、あなたにその批判を飛ばします。

ＳＮＳでアンチから批判を受けやすい人というのは、得てして批判が好きな発信者です。

同じような波動をもつ人たちを引き寄せているのです。

類は友を呼ぶのです。

仮面をかぶって嘘をつく人はそういう友を引き寄せます。

自分の立場を優先して、真実を言わない人はそういう友を引き寄せます。

なぜなら、あなたの魂は嘘や愚痴をすべて聞いていて、他人も自分も区別せず、それを叶えようとするのです。

自分に素直になると、魂があなたに幸せを運んできてくれます。

０６１
人間関係

離れるか、受け入れるか。
合わない人と離れる勇気。

自分を失くしてまで、他人と一緒にいる必要はありません。

そういう人からは離れた方がよいのです。例えば、
・アドバイスではなく、批判しかしない人
・過大に弱点を強調してくる人
・歪曲なイメージを押し付けてくる人
・不安ばかり強調する人
・すぐ感情を押し付ける人
・何度も愚痴をぶつけてくる人
・理屈が通ってない人
など世の中にはいろいろな人がいます。ＳＮＳでもそういう人はたくさんいます。

そういう人から「離れる勇気」はとても大切です。

間違っても争ってはいけません。争ったら結局は同じ土俵に立つことになってしまい、波動が近づくことを意味します。

これからの時代は、「争いの時代」が終わり、「調和の時代」に入ります。

受け入れられないと思う場合は、「合わない人と離れる勇気」が必要です。

０６２
愛

絶対肯定でありのままに
受け入れること。

否定言葉を使わないで、常に絶対肯定でいよう。

悲しい出来事も受け入れよう。

泣いてもいいけど、後悔はしない。

恨まないで、許してあげよう。

憎しみは、憎しみの連鎖を生んでしまいます。

もし、いつもあなたに否定言葉を向ける人がいるとしたら、その人からは離れよう。

いつも、誰にでも、感謝をしよう。

好きになれなければ、離れればいいのです。

好きになれない人を攻撃するのではなく、好きになれる人を探そう。

人を攻撃することは、自分を攻撃することと同じことです。

自分や他人の短所や間違いに目を向けるのではなく、長所や正しいところに目を向けよう。

すると、自ずと心が穏やかになります。

いつも笑顔で、絶対肯定で相手を受け入れていると、相手にも自分にも幸福が訪れます。

「幸せの神様」があなたの笑顔を見たくて近づいてくるのです。

０６３
愛

人生は素晴らしい天国。
あなたは傷つくためではなく、
幸せになるために、
生まれてきた。

人生は素晴らしい天国です。
誰もが、傷つくために生まれたのではありません。
誰もが、幸せになるために生まれてきています。
明るい未来は自分で選ぶことです。
あなたには選択権があります。
生きる意味とは、あなたの自由な意志を行使することです。
生きる意味とは、誰かのために役に立つことです。
誰かが喜び、感謝してくれるために、あなたは生きているはずです。
これらのことを知れば、あなたはいますぐに自由になれます。
そして、いますぐに幸せになれるはずです。
不自由な人生には、本当の幸せはありません。
自由は絶対的に保障されるものです。
自由が伴わなければ、絶対的で無条件の愛は存在しないのです。
この大宇宙は愛のエネルギーで満たされているのです。
あなたが求めれば、そのエネルギーは無制限に与えられるのです。
大丈夫。人生は素晴らしい天国です。

０６４
お金

金銭欲は、エゴという
モンスター（悪魔）が
出てきやすい。

お金はこの物質社会で最も象徴的なものといえます。

お金ほど人の欲を掻き立てるものもないでしょう。

例えば、大金が手に入ると「俺は偉大な人間だ」と思い、一文無しになると「俺はクズだ」と思うこともあるでしょう。それはお金に支配されているからです。

大金を欲しがる人に、大金を手にしたらどうしたいのかと尋ねると、「高級車に乗りたい」とか「海外旅行をたくさんしたい」と答える人がいますが、そういう人は、お金はエゴを満たす道具だと勘違いしているのです。

しかし、それではお金は入ってきません。仮に、一時的に入ってきたとしてもエゴというモンスターにより、最終的には自らを痛めつけてしまいます。

お金は、空気や水と同じように「ただそこにあるだけのもの。また、感謝の受け渡しの道具に過ぎない」とわたしは思っています。

何かをするのにお金が便利であることは確かですが、お金以上に、あなたには元々限りないパワーがあります。すべてを生み出す無限の力をもっています。

これからは、何かをするのにお金がいる、という考え方をそろそろ手放さなければならない時代となります。

お金を稼ぐことが目的と化したいまの物質社会は、終わりつつあります。

０６５
健康

「病気は気付き」
調子の悪さは魂からのサイン。

「健康な時には気付かないことが、病気になって初めて見えてくる」病はそういった大切なことを知らせてくれる、魂からのサインであることがあります。

例えば、生活習慣病であれば、あなたの食生活や睡眠やストレスなどに問題があり、それを警告してくれているかもしれません。

私は、数年前に椎間板ヘルニアを患っていました。医者から手術を勧められ手術まで決意しましたが、ふと生活を見直しウォーキングを日課にすることで克服したのです。あの病は日常生活を改善させるよう促した「サイン」だったのです。

また、子どもの病気の場合は、親からの愛情不足のメッセージであったりします。

精神的な病は、本人の我慢や不自由さやストレスから来ているかもしれません。

重い病を体験したからこそ、初めて生きることの素晴らしさ、支えてくれる家族の愛情を深く感じられるということもあります。

また、病気まで行かなくても、調子が悪いという時も同じです。

調子が悪い時は、いまのやり方を変更してみるといいでしょう。

あるいは、執着している何かがある場合は手放してみましょう。

少し休みを入れることも必要でしょう。

心を穏やかにして、「また明日があるさ」と気楽な姿勢でいると、調子の悪いのがいつの間にか治っているかもしれません。

066
未来

文明も科学技術も
常に進化成長する。
人類の精神性は時に後退する。

文明は常に進化成長しています。

人類はホモサピエンスであった約30万年前から現在に至るまで進化成長を遂げてきましたが、それはひとえに「豊かな社会を実現したい」という人間にだけ与えられた自由意志によるものが大きかったのです。

人間は知的生命体といわれますが、最初は言語も文字も使用していません。もちろん、国家や政治や法律やお金という概念さえ、存在していませんでした。時が経つにつれ、科学技術が進展し、同時に文明も進化成長します。

科学技術の成長は、留まることはあり得ません。

歴史上一度たりとも、科学技術が後退したことはありません。

しかし、科学技術の進展に伴い、人類の精神性は時に後退します。

科学技術の進展に伴い、人類は自然や地球環境を壊します。

それが行き過ぎた時、人類は人口減少期に入ります。

つまり、精神文明が拓けるということは、壊された自然が少しずつ回復してくことを意味します。

自然に敬意を払い、森羅万象の八百万の神々に感謝して生きていきたいですね。

０６７
人生

人生の選択に正解なんてない。

人生の選択に正解なんてありません。

人生の選択は十人十色で、何が正しいというのはありません。

わたしたち人間が勝手に「常識という名の偏見」をつくっているに過ぎません。

他人が人生の選択を、優劣判断するものではないのです。

では、犯罪者はどうでしょう。

倫理的、道徳的な悪はあります。社会的な法の処罰はもちろん必要です。

法の裁きの中で償うことが必要ですが、他人が他人を裁けば、裁きの連鎖や循環が起きるのです。

「何が幸福で、何が不幸か」「何が良くて、何が悪いのか」

結局は本人次第です。傍から見れば幸せでなくても、本人が幸せなら良いのです。

幸せかどうかはあなたの心が決めるのです。物事の良し悪しも然りです。

自分の心をしっかりもち、自分の信じる道を進んでください。

不幸せを嘆いても、幸せが寄ってくるわけではありません。

これからの新しい社会では、その意味が分かってくるようになります。

自分の自由な意志で、望んだ世界を切り拓いてください。

068

魂

今生で学ばないと、
同じような世界で輪廻を繰り返す。

魂は、今生で学びや経験を求めています。

魂は、いくつかの課題を自らに課して、この世界に来ています。

例えば、過去世で悪行をした場合、今世や来世で試練の課題を課すのです。

それは、「過去の悪行を反省する」とか「過去の悪行に対する懲罰」という意味ではありません。

魂は善と悪を区別しないからです。

バランスをとっているのです。

「どちらが正しいか」という正義感ではなく、反対側の立場に身を置くことにより、経験のバランスを保つのです。

例えば、親がわが子に対し虐待やネグレクト（養育放棄）していたとしましょう。

当然、親に批判が集まるでしょうが、本人は悪行だと認識していないとすると、来世では子どもの立場に立つことで、バランスを保ち、ひいては、魂の成長に繋げるのです。

両方の立場を経験することにより、愛情の大切さを学べるからです。

人はどうしても、主観で物事を捉える傾向があるため、逆の立場を経験することを魂自身が望むのです。

魂から見たら、経験することはすべて学びなのです。

０６９
人間関係

他人の課題は、
解決できない。
他人は変えられない。
人生の主役は自分自身。

決して、他人を変えることはできません。

ただし、自分が変わることで他人が変わることはよくあります。

例えば、職場に要求が厳しい上司がいるとしましょう。こちらの立場を考えず、無理難題を常に押し付けてくる場面を考えてみましょう。

友人に上司の愚痴を言ったところで上司は変わりません。

では、自分より立場が上の上司に対して、一体どうすれば改善されるのでしょうか。

例えば、自分の行動を変えること、または、相手に上手に伝えることで、こちらが困っているということを知らせる方法があります。

心理学者アルフレッド・アドラーは、「課題を分離すれば良い。相手と自分の課題を分離しないと、他人の人生に土足で入ってしまうことになる。それは親子関係や夫婦関係も同じだ」と言いました。

では、具体的に対処するにはどうすれば良いでしょうか。

わたしなら、少しずつ離れるか、自分が不快だということを相手に知らせるようにします。

自分の人生の主役は自分自身なのです。

自分が見ている世界は、目の前の鏡の中の自分自身です。

０７０

魂

あなたの自由意志は、
誰にも奪えない。
それは大宇宙の絶対原則。

人間には自由意志が与えられています。

あなたにも絶対的な自由があります。

それは誰にも奪えないものです。

「我が道を行く、そのような考えはわがままだ」

「そうはいっても、会社の方針っていうものがある」

「周りの空気を読むべきだ」

これらは生まれてからずっと刷り込まれてきた思考コントロールなのです。

度重なる刷り込みにより、潜在意識に深く植え付けられているのでしょう。

しかし、絶対的な自由は、いつでも、誰にでも、常に与えられています。

もちろん、「不自由になる自由」「コントロールされる自由」「束縛される自由」「誘導される自由」も同様に与えられています。どちらもあなたが選べます。

あなたの本心やワクワクする感情に素直に向き合ってください。

すると、宇宙からのサポートがどんどん入ります。

やりたいことを願うと「そうか、やってみなよ」「どこかであなたを手助けするよ」とハイヤーセルフや守護霊からの声が聞こえてくるでしょう。

071

人生

結局、すべてうまくいくように
なっている。

「結局、すべてうまくいくようになっている」

「悟りのステージ」に入り、達観すると、このような安心感や安堵感が常に、自分の奥深くにあります。

自分のマイナスな感情を包み込んでいるように感じられます。

ただの楽観視でもなく、なにもしなくていいという怠惰感とは違います。

悪い出来事も受容できるようになります。

ありのまま受け入れることができます。

うまくいっている人の特徴として、「柔軟性がある」というのがあります。

一方、うまくいかない人の特徴としては「頑固である」ということがあります。

うまくいかない人は、我欲（エゴ）が強くなり、執着と依存を生みます。

うまくいくためには、自然の法則、大宇宙の原則を知り、そのエネルギーや周波数と一致させることが大切です。

そうして気付いたら、自己実現もできているのです。

また、うまくいく人は、いつもワクワクしています。

それが「アファーメーション」「潜在意識の誘導」「言霊の力」などです。

結局は、すべてうまくいくようになっているのです。

０７２
愛

魔法の言葉
「大丈夫。自分が望めば、幸運も幸福もやってくる」

「大丈夫。自分が望めば幸運も幸福もやってくる」

つまずいた時や不安になった時、わたしは自分に毎日言い聞かせています。

この言葉を言い聞かせると、自然とプラス思考のスイッチが入り、心のベクトルがポジティブな方向に向かいます。

そして、本当にすべてうまくいっているように思えてくるのです。

物事の良し悪しは、受け止め方によって変わります。

「悪い」と受け止めると悪くなりますが、「良い」と受け止めると良くなります。

「すべては自分の想い込み次第」と思えば、ネガティブなこともポジティブなことに思えてきます。

そして、ぱっと視界が開け、「本当はこれで良かったのだ」と思えてきます。

人生に起こることは、すべて必要であり、必然なのです。

トラブルもハプニングも必然であり、良い出来事、素晴らしい出来事なのです。

しかも、すべてベストなタイミングで起こっています。

いまは辛く感じる出来事も、あとになってから「意味のある出来事だった」と気付くことができるのです。

魔法の言葉は、きっとあなたに幸運や幸福をもたらしてくれるでしょう。

073

自己

悪霊に憑依されない10のこと。

世の中には、たくさんの悪い霊がおり、憑依することで人の弱い心を利用します。この世に強い未練や恨みを持って亡くなっていった方の霊、この世で生きていながら強い怨念を持ち、生霊を飛ばしてしまっているケースなどさまざまです。

もともと、わたしたちは愛と光の存在です。強い信念と悪霊を寄せ付けない光のオーラを放つことができます。次の10項目を意識すると憑依されないでしょう。

・0.9%食塩水でうがいをする。
・波動の高い人と一緒にいる。
・腸内環境を整える。質の悪い食事を減らす。
・自然に触れ、太陽の光を浴びる。
・軽い運動をする。
・テレビやネットなどの誘導メディアから離れる。
・ヨガ、瞑想をする。
・身の回りをきれいにする。掃除をする。
・自然石を利用したパワーストーンを身につける。
・毎日を楽しむ。ワクワクすることを行う。笑顔でいる。

０７４
人生

あなたはいつでも自由。
どちらの選択も正しい。

「あなたはいつでも自由です」

人間には自由意志が与えられています。

これはこの大宇宙の大原則です。

ただし、「不自由になる自由」もあなたに与えられています。社会、学校、親、夫婦、上司から拘束や束縛され、我慢するのもあなたの自由なのです。

新しい地球では、「眠りの選択」と「目覚めの選択」の対極にある二項に分かれていきます。どちらが正しいとか、正しくないということはなく、あなたが選んだのであれば、どちらも正解です。

そして、いかなる選択も自由であり、あなたの意志で選べるのです。

選んだのであれば、他人の責任にすることは良くありません。

あとから選択の間違いに気付くこともあるでしょう。

もし、選択を間違えたと思うのであれば、失敗から学び、方向転換すればいいのです。

学びを魂の成長に繋げましょう。

自分の本心に繋がることができている人ほど、「選択と自由」の意味を知ることになります。

この世界はあなたの選択の連続です。

０７５
魂

魂からのメッセージを受け取る条件は「リラックス」

「魂からのメッセージを受け取るには、どうすればよいのでしょうか」

これはセミナーでよく問われる質問です。

わたしは、３つのポイントがあると思っています。

１つ目は、リラックスして、ワクワクすることを思い浮かべること。

２つ目は、自分の気持ちに素直になること。

３つ目は、何度も自分の魂に尋ねること。

魂にとっての成功と、これまでの物質社会での成功の概念は、まったく異なります。

結果を急ぎすぎて、メッセージが降りてこないと不安になる人がいます。

しかし、魂にとっては、経験から学びを得ることが最大の目的であり、あなたの成長が、魂にとっての成功といえるでしょう。

宇宙はあなたの味方です。いつでもサポートできる状態にあります。

メッセージが降りてこない時は、あなたに何かを考えて欲しい、いろいろ試して欲しいと願っているのです。

まずは簡単なことからでいいので、失敗を恐れず、リラックスして、いろいろなことにチャレンジしてみましょう。

０７６
未来

新しい日本文明は、
調和のとれた精神文明で、
縄文時代のような千年王国。

日本は世界のひな形です。

日本の地形は世界の縮図であると言われています。

世界5大陸で、北アメリカが北海道、アジア・ヨーロッパが本州、アフリカが九州、オーストラリアが四国、という具合です。

さらには、カスピ海は琵琶湖、地中海は瀬戸内海、ヒマラヤは富士山、南アメリカは台湾となっています。

人類の文明は6400年前のシュメール文明からとなっていますが、歴史上の日本の最古の文明は縄文文明であり、1万5千年程前から約1万年間も続いています。

なぜ縄文時代はこんなにも長く続くことができたのでしょうか?

それは、大自然と調和がとれていたからではないでしょうか。

資本主義に象徴される物質文明は、まもなく終わりの時を迎えようとしています。

いいえ、「まもなく」ではなく、「もうすでに」終わりを遂げているかもしれません。

三角形の形をした資本主義はもともといびつな構造となっており、永続できないのです。

例えば、すべての星々が球体をしているのは安定が良いからです。

バランスボールは皆、球体の形をしています。

それは、球体が最も安定しているからです。

安定しているものは長く続き、不安定なものは長くは続きません。

これから始まる新しい日本文明は、円形社会の千年王国なのです。

いま世界は、西洋の時代から、東洋の時代へと移行しつつあります。

極東は、「日出る神国」の日本です。

日本は東洋思想をもち、西洋文明を発展させた国です。

そして、「和の国」であり、「輪の国」であり、「霊の国」です。

それは、令和の時代から始まります。

精神文明は、徳の高さ、霊性の高さ、精神性の高さが求められます。

日本は、大宇宙の計画の元、この時のために長い年月をかけて、準備してきた民族なのです。

それは、人智の力を超え、大宇宙の計画として、遥か前から決まっていたことなのです。

大患難時代の先に千年王国、「和の黄金文明」が始まります。

随筆3

「引き寄せ」がうまくいかない人へ。

「なかなか、理想とする世界を引き寄せられません」という人が多いです。

まずは、現実を受け入れ、いまある幸せに気付いてください。

生かされている日常に感謝してください。

現実が変わってくるのはその先です。

ワクワク感を持ってください。

リラックスしてください。

自分を信じて、問いかけ続けてください。

意識を内側に集中してください。

小さな変化を見逃さないでください。

ヒントやチャンスは、今日も、いまこの瞬間も、あなたに与えられています。

０７７
自己

7つの「自分」を
取り戻すと、
いますぐ幸せになれる。

あなたは本来、愛と光の存在です。

本来のあなたを思い出し、取り戻せれば、悩みや苦しみから解放され、さまざまなことが実現でき、幸せになれるのです。

そのためには、次の「7つの自分」を取り戻すことです。

1. 自分と向き合うこと。
2. 自分で調べること。
3. 自分で考えること。
4. 自分で判断すること。
5. 自分で責任を取ること。
6. 自分のマイナスな感情を捨てること。
7. 自分を信じること。

この7つの自分は、本来は誰にでも備わっているのですが、最近の社会ではどうしても外に目が向きやすく、忘れてしまっています。

あなたが、本来の自分を取り戻せば、いまこの瞬間に幸せになれるでしょう。

０７８
宇宙

地球にある3つの制約を知る。「時間」「重力」「物質」

魂は地球に次元を落として、わたしたちの体に宿ってきています。

この地球は制約や規律が多く、願いも叶いづらくなっています。

では地球には、どのような制約や規律があるのでしょうか？

制約は、「時間」「重力」「物質」という３つがあります。

魂レベルに近づくことにより、この３つの制約が徐々に取れていきます。

例えば、

「思ったより時間が長く感じ、無理だと思っていたことが時間内にできた」

「イメージ力がアップした」

「物へのこだわりがなくなった」

といったことが増えてきます。

一方で、第四次産業革命は「デジタル革命」でもあります。

デジタル社会が進むにつれ、この３つの制約を取り除くことになるでしょう。

それは、魂の想いや夢の実現をより加速させるでしょう。

デジタル社会の進展により、あなたの願いが叶いやすくなるのです。

あなたの本心と繋がるようにしましょう。

０７９
人生

遊び心を忘れた大人は、本当の仕事に出会えない。

「あなたは、自分の仕事にどれだけ遊び心をもっていますか」

ＹＥＳと即答できる人は、いまの時代では少ないのではないでしょうか。

遊び心は、「サボること」でもなく、「ふざけること」でもないことは、大人であるわたしたちには十分すぎるほど理解できていると思います。

わたしたちは義務教育のなかで、すべきこととすべきでないこととの分別をたくさん学んできているからです。

分別の分かる大人が、遊び心をもって仕事をすることで、仕事の能率は格段と上がります。

最近、社会ではルールやマニュアルが多くなり過ぎたために、真面目すぎて独創性が欠落している大人が多いように感じます。

ルールやマニュアルなどの規律が増えると、遊び心をもてなくなってしまいます。

仕事は人生の時間の大半を占めているからこそ、ワクワク感や遊び心を取り入れていきたいですね。

とりわけ経営者、指導者、リーダーには欠かせない考え方になります。

遊び心をもつと本当の仕事に出会うことができます。

080
人間関係

他人軸から自分軸へ。
そして、尊重し共存する世界。

「自己中」と「自分軸」は異なります。

自分軸とは、もちろん、他者とまったく関わらないことではありません。社会で生きる以上、適度な柔軟性は必要ですが、自分の希望を隠すことは自分の人生を生きていないことになります。

他人軸とは、軸を他人に置いて自らの在り方を定める状態なので、判断に他人の意見をとても多く取り入れます。

他人軸で生きている人の特徴は、次の通りです。

・流されやすい。
・自分の希望を表に出さない。
・何か起きたら人のせいにする。
・周りの動きや発言をよく見ている。
・人を見下す。
・すぐ謝る、すぐ聞く、すぐ答えを求める。
・思い込みが激しい。

・自己を過度に正当化する。
・自己顕示欲が強い。
・支配欲や独占欲が強い。
・平気で嘘をつく。
・人を批判する、否定する、責める。

一方、自分軸で生きている人の特徴は、次の通りです。

・客観視ができる。
・自己理解度が高い。
・状況に応じ柔軟に言動を変えられる。
・自分の考えが明確である。
・周りが気にならない。
・事実や現実から目を背けない。
・他者と自分を平等に見ている。
・諦めはするが、妥協はしない。

・成功にこだわらず、過程を重要視する。
・自己受容、自己肯定感が高い。

いまの社会では協調性ばかりを重要視するので、他人軸的な考え方が身に付きやすいですが、それでは自分の人生を生きることはできません。

子どもの頃は、親や学校に依存しているために、他人軸で生きていることが多いです。誰しも他人軸で過ごしていた時期があるはずです。

大人になり、精神的にも自立してくると、自分軸的な考え方が身に付きます。

新しい世界では、規律、ルール、固定観念、しつけ、常識、文化などが取り払われていきます。

それとともに、多くの人が自分軸で過ごせるようになります。

そして、自分を受容し、他者を尊重し、両者の共存が実現できるようになります。

自ずとその考えが正当化されていき、新しい世界に生きていくことが楽しくなっていくでしょう。

０８１
未来

波動が上昇するほど孤独になる。
そして、透明度が増し、
最終的には消える。

魂は常に進化、成長、学びを求めているので、それを続けていると魂レベルが高まり、波動が上昇していき、雰囲気やオーラが変わります。

波動が低い人は、他者を意識し、他者の存在を必要とする人生を歩みます。執着や依存が増え、争いや批判が増えます。

一方、波動が上がると、自己を受容でき、自己肯定感が高くなります。すると、自立し、共同体感覚を重要視するようになり、他者を許容し、許し、敬うようになります。

食事、日常生活、仕事など多くのことで変化が訪れるため、他者と合わせて無理に一緒にいるよりもひとりを好むようになるため、孤独になっていきます。

孤独は、独りぼっちで寂しいという消極的な印象がある一方で、自由であり、自己と向き合えるという重要な側面をもっています。

しかし、寂しさや悲しさや辛さはなく、周りからは慕われ、好かれ、愛され、人が集まってきます。それは精神的に自立しているからともいえます。

哲学者ショーペン・ハウアーは、「孤独は優れた精神の持ち主の運命である。孤独を愛さない人間は、自分を愛さない人間に他ならない」と言いました。

悟りのステージに入っていくと、人は自己と向き合う時間が増え、貴重である孤独な時間が増えていきます。

そして、存在感が消え、透明度が増し、最終的には見えなくなります。

０８２
宇宙

18、36、72、１４４、
２１６０、２５９２０、
宇宙の神秘的なバイオリズム。

この世のものは、すべて波でできています。
波長と振幅数と周期があります。
生命体であれば、波はバイオリズムです。
人間の呼吸数は1分間に12～20回であり、平均すると1分間に18回です。
人間の平均的な体温は、その2倍の36.0度前後です。
人間の平均的な脈拍数は、その2倍の1分間で72回程度です。
人間の平均的な血圧は、その2倍の１４４mmHG程度です。
赤ちゃんが母体にいる日数は、その2倍の２８８（40週前後）日間です。
地球の自転周期は、概ね72の20倍である１４４０分です。
60分×24時間で１４４０分となります。
地球の自転周期は、概ね18の20倍である３６０日間です。
太陽系の12星座の移行周期は、概ね72の30倍の２１８０年です。
うお座からみずがめ座の時代には、２０００年頃から突入しています。
地球の歳差運動は、概ね72の３６０倍の２５９２０年です。
つまり、人間も地球も太陽も宇宙も18の倍数のリズムとなっているのです。
わたしたちは皆、宇宙のなかの１つの生命体であり、宇宙と一体なのです。

０８３
人生

未熟でいい、
不完全でいい、
失敗していい。
成長に意味がある。

人間はいつまでも未熟です。ある分野で誰よりも負けない特技をもっていても、別の分野では人並であることはよくあります。

学校教育や社会では失敗を許さない傾向にあります。それが完璧主義の人が増えてきている理由です。

完璧主義の人々は、他者から愛され、他者から認められるためには、完璧なパフォーマンスを発揮しなければならないと考える傾向にあります。

完璧主義の長所は、仕事の精度が高いことや、最後まで手を抜かない責任感の強さなどがあげられます。

一方で短所は、自分にも他人にも厳しく、否定的または批判的になりやすく、完璧を目指すあまり柔軟性がなくなり視野が狭くなりがちなことです。また、楽しむ能力に乏しく、気持ちの切り替えがあまり上手ではないことや、新しいことへの挑戦を拒み、失敗しそうなことは避ける、オール・オア・ナッシング思考になりやすいなどの傾向があります。

これからの時代は、徐々に競争社会が後退してくるので、自分の本当のやりたいことに向き合い、失敗を恐れずチャレンジをすることが大切です。

０８４
魂

「真意」に至れば、

「悟了同未悟」

人生の悟りに終わりはない。

禅語に「悟了同未悟（ごりょうどうみご）」（悟り終われば未悟に同じ）という言葉があります。

「悟る前は、神通霊力が備わるなど、不可思議なる格別心境が得られると思って修行に出たが、いざ悟り得たとしても相変わらず、暑さ寒さは身にしみ、お腹が空けば食せねばならず、悟ったからといって超人にも神にもなるわけではなかった」という意味です。

つまり、「悟った後も、悟る前と同じであった」ということです。

悟るというのは、精神や魂の領域ですから、体は未悟と同じでそのままなのは当たり前なのですが、これは「人生の悟りに終わりはない」ということも意味しています。

魂の学びは今世だけではありません。

新しい世界では、アセンション上昇に伴い、悟りの領域に進む人たちも出てきます。

ただし、悟りの領域に進んでも、苦しむことや悲しむことは、これからも相応にあります。

そのことから多くを学び、経験を繰り返し、その度に魂が成長していきます。

その成長や循環に終わりはありません。

人生の悟りは永遠に続きます。

０８５
時間

時間は存在しない。「過去・現在・未来」は同時に存在している。

時間というものは本来存在しません。

未来も過去もなく、あるのはこの一瞬のみです。

仏教用語ではこれを「刹那生滅」といいます。

つまり、不連続な「いま」を自分の意識が連続的に繋いでいるのです。

物質的な動きを脳が連続的に錯覚して、時間の流れと捉えているだけです。

そもそも大昔、時計がない時代に、時間をどのように計っていたかというと、太陽や月の動きが一定であることから相対的に時間を捉えていました。

つまり、時計がなかった大昔の人々は、太陽が東から昇り、西に沈むのを見て、時間を把握していたのです。

例えば、「夜6時に待ち合わせしましょう」という場合、時刻をなくすと、「夕陽が見える頃に待ち合わせしましょう」となります。

しかし、これではお互い正確な時間を把握できず、行き違いになってしまう可能性があるため、人間が把握しやすい物差しとして時間をつくったのです。

すなわち、時間とは、人間が分かり易いようにつくった尺度であり、概念でしかないのです。

つまり、時間というものは絶対的に存在するものではありません。

では、いまあるこの一瞬を繋いで、時間という連続的な形にしているものは何でしようか？

それは、あなたの意識（無意識）です。

意識が時間をつくっており、不連続のいまを繋いでいるのです。

生命体には、意識があり、意識が自らを動かしているのです。

動いた対象物を見て、人間は、まるで1本の矢のように同一方向に時間が流れているように感じて、脳の錯覚を起こしているのです。


では、皆さんは「時間が止まる」現象をどう捉えますか？

「時間が存在しない」と言われて、信じられますか？

もし仮に、「時間が止まっている世界」があるとしたら、どのような世界だと思いますか？

ＳＦ映画などでよく出てくる「時間が止まる」という現象は、人の動きも、乗り物の動きも、動物も鳥も魚の動きも、噴水も、時計の秒針も止まっている状態をよく見ます。

その時、自分だけが動いている現象を思い描くでしょう。

しかし、これは時間が止まっている状態を示していません。

この現象には、矛盾があるからです。

矛盾とは何だと思いますか？


それは、「重力」です。

重力があるために、この現象は起こり得ない、あり得ない現象なのです。

飛行機も鳥も、止まっている状態では浮上することができません。

重力に従い落下するはずです。

同じように噴水だって、上方向の運動エネルギーがなくなれば落下し、状態を維持することはできません。人間も倒れるはずです。

新幹線の中の乗客や荷物は、慣性の法則が働いているため、急に止まれば吹っ飛びます。静止していることはあり得ません。

つまり、時間が止まる現象を示した事例とはいえないのです。

では、時間がないとすれば、人生やこの世界は一体、何でしょうか？

人生とは、例えるなら、「パラパラ漫画」のようなものです。

パラパラ漫画には時間が存在しません。

わたしたちの人生、生きているこの世界というのは、パラパラ漫画のようなもので、一瞬一瞬のいまが連続しているにすぎないのです。

パラパラ漫画を動かす「親指」が、あなたの「意識」です。

「時間が一定である」というのは、本来は誤りです。

時間の流れは、重力の状態によって変わりうるからです。

重力が異なる火星など他の惑星では、時間の流れる速度も変化します。

時間は変化します。

時間は物質や質量をもたない世界では存在しません。

つまり、質量のない「意識の世界」では時間が存在せず、過去も未来もいまここにあるのです。

過去を思い返して涙を流すことや、未来を想像してワクワクすれば、意識は過去や未来にタイムトラベルしているのです。

そして、現実の物質世界でその状態を再現すれば、あなたの思考が想像した未来からいまの現実に願いを引き寄せるのです。

これが、「引き寄せの法則」の原理です。

随筆４

自発的に動いているものはすべて生命。

人や動物や植物は、自ら動き、変化します。

これは、自らの生命を維持するために必要な動きで、意識的あるいは無意識的に行っています。

太陽も地球も自転と公転を繰り返しています。

すなわち、地球や太陽だって生命体といえます。

寸分の狂いもなく同じ速度となっているのは、地球や太陽の生命を維持するためです。

速度が少しでも狂うと、地球は軌道を外れ、緑の惑星ではなくなってしまい、地球上の生命体は絶滅します。

自発的に動いているものは、すべて生命体といえます。

魂が宿っています。つまり、意識（無意識）をもっています。

太陽も地球も、動物も植物も、意識をもっているのです。

086

自己

物の断捨離、
習慣の断捨離、
思考の断捨離、
感情の断捨離。

近年、「断捨離」という言葉が流行して久しいですが、断捨離は必ずしも物だけに限りません。

自分に合わない習慣や思考や感情さえも、夢の実現を妨げるものであれば、手放していきましょう。

この世界は、あるものを手放せば、別のものが手に入るようになっています。

大宇宙は、循環の法則が成立しているからです。

また、人にも物にも波動があるので、習慣や思考、感情には、それぞれ異なる波動があります。

そして、その波動は日々、変化しています。

昔の波動で得た物を残しておくと、夢の実現の足かせになることがあります。

もう使わない物などは、勇気をもって断捨離するといいでしょう。

また、「わたしは〇〇だから〇〇しなくてはいけない」という正義感、常識、世間体、プライド、見栄などといった感情や思考も、自分のワクワクする世界に合わないのであれば手放してみましょう。

新しい地球とともに、あなた自身の執着を手放し、新しい人生を歩んでいくと未来が拓けます。

０８７
自己

外側の情報はつくられている。
真実はいつも内側にある。

時として、外側の情報はつくられます。
外側に答えはありません。外側はいつでも変えることができるからです。
したがって、本当の答えはいつも、あなたの内側にあります。
そして、すべての人たちに、同じ能力が与えられています。
他人ができることは、あなたにもできます。
もしできないとすると、あなたがそうイメージしていないからです。
この世界をつくっているのは、他の誰でもなく、あなた自身です。
あなたが選んだ世界で、あなたは生きています。
あなたが、選んだことを、覚えていようと、覚えていまいと。
あなたが、選んだことを、意識していようと、意識していまいと。
あなたの選択に、悪気があろうと、悪気がなかろうと。
あなたの選択は、その後のあなたの人生に影響を及ぼしています。
これは事実です。
選択の一つひとつの結果が今のあなたの人生をつくっているのです。
選択の意味、選択の重さ、そして、選択の価値を知ってください。
自分を信じて、あなたが決めていってください。
この世界は、このような80億人の選択（集合意識）でできています。

０８８
魂

肉体をもって
アセンションする。

スピリチュアルの世界では、風の時代に入ったいま、「肉体をもってアセンションする」稀有なタイミングとよく言われます。これはどういう意味でしょうか？

簡単に言えば、魂の成長が加速し、波動が上がり、次元が上昇していくという意味です。

それは、魂（あなたの意識）が宇宙的観点に進化していくことです。

すべては1つ。宇宙レベルでワンネスの共同意識が芽生えていくことです。

それは、本来であれば、とても時間のかかることです。

あるいは、転生を繰り返すなかでできることなのですが、いまは成長が加速しているので、今世でも可能になってくるということなのです。

それだけ、いろいろなサポートがなされています。

宇宙の高次元からもたくさんサポートが来ています。

肉体が半透明になることや、光の存在となり、人間がこの世から消えてしまうというのは、まだまだずっと先のことです。

「いまは魂の成長が加速しているタイミング」だと捉えてください。

そしてそれは、地球上の人類すべて自動的に成長するのではなく、各々の意志によって選択することになっています。

０８９
人生

新しい時代の「人生の成功」とは、毎日が楽しくて仕方がないこと。

新しい時代は、「人生の成功」の定義が変わっていきます。
これまでの時代は、
・誰よりも高収入
・誰よりも高学歴
・誰よりも高い地位
・誰よりも勝ち抜く
・誰よりも物を得る
など、競争社会で、物質的優位であるということが社会的成功を意味していました。
一方、これからの風の時代は、
・たくさん楽しむ
・たくさん表現する
・たくさん分かち合う
・たくさん助け合う
・たくさん愛し、愛される
など、共有する、調和する、ワクワクすることが重要視されるようになり、「人生の成功」の定義となっていきます。

０９０

宇宙

この世は国境で分かれて、あの世は波動領域で分かれている。

いまの地球は国同士の争いが絶えません。

地球は国境でグループが分かれています。

愛国心は大切ですが、その想いが強くなり過ぎて、争いや戦争が絶えなくなっています。また、相手の個性を受け入れられず、正義感の押しつけ合いから対立が深まります。しかし、魂はもともと1つなので、相手の立場に立って考えることがとても大切です。

魂は輪廻転生を繰り返すなかで、1つの国に限らず様々な国籍で生きて来たのです。

いまアメリカでは、DNA検査で自分の祖先とルーツを調べることが流行しています。「白人でも数%のアフリカ系黒人のDNAが混在していた」というのは普通にあるそうです。

一方、あの世では波動でグループが分かれています。

そして、波動は日々変化しています。

「類は友を呼ぶ」「波長が合う」というのは、この世の世界だけでなく、あの世でも同じです。

今世で悪事を繰り返せば、あの世では同じようなグループに入ってしまいます。

この真理に気付けば、誰も悪事に加担しないのです。

091
自己

信念をもちブレない。
まずは自分を正す。

「己（おのれ）を枉（ま）ぐる者にして、未（いま）だ能（よ）く人を直（なお）くする者はあらざるなり」

孟子は「自分の信念を曲げて相手に迎合する人が指導的立場に立ったのでは、相手を正しい方向に導くことはできない」と言ったのです。

周りに被害を与えるような考え方や、あまり意固地になって孤立するようではいけませんが、自分の信念をもち、自分が正しいと信じた信念はあくまでも堅持するという毅然とした姿勢でいるべきです。

たとえ周りの意見と異なっていたとしても、ブレないことはとても重要です。ブレないでいると、周りと意見が合わず孤立することもあります。

その際は、周りを変えようとするよりも、まずは「人の振り見て我が振り直せ」の姿勢が大切です。まずは自分から、他人の行動を見て、良いところは見習い、悪いところは改めることができてはじめて、周りも変わっていくものです。

自分は自分、他人は他人の考えが身に付くと、人を正そうという考えの前に「まずは自分を正す」という姿勢が自然に身に付きます。

新しい世界では、人々の精神性が上がり、自己愛と他者愛に目覚める人が増え、自分軸で生きるようになり、信念をもちブレない人が増えていきます。

０９２
人間関係

人間はいつまでも未熟である。
満足は成長を止める。
未熟と認めると、
成長は加速する。

「わたしは完璧な人間です」

そう思っていると、成長が止まってしまいます。

この世に完璧な人間はいません。

いつまでも未熟なのです。

未熟と認めると、人間は成長が加速します。

「まだまだ未熟」と考える人は、「まだ伸び代がある」「まだ成長できる余地がある」といって、チャレンジを怠らず、毎日をワクワクして過ごすことになります。

結果や実力に対して謙虚になれるため、慢心することがありません。

また、常に前向きでいられ、飽くなき挑戦を続けられます。

人間は二種類のタイプに分かれます。

人生の「成功」にこだわる人と、魂の「成長」にこだわる人です。

あなたはどちらのタイプでしょうか。

もし、これからも成長を続けたいのであれば、「自分は未熟」と思うことです。

表面的ではなく、心の内側から「自分は未熟」と認めることが大切です。

魂の世界では成功と失敗の区別はなく、成長か成熟しかないのです。

093
愛

愚痴、不満、批判、
言い訳、対立は、
「幸せの神様」が逃げていく。

愚痴、不満、批判、言い訳は、「幸せの神様」が逃げていくのです。

・幸せの神様は、言い訳が嫌い。
・幸せの神様は、不満が嫌い。
・幸せの神様は、批判が嫌い。
・幸せの神様は、愚痴が嫌い。
・幸せの神様は、対立が嫌い。

なぜなら、
・幸せの神様は、自由、平等、平和な社会を望んでいるから。
・幸せの神様は、波動が高く、マイナスの感情をもっていないから。
・幸せの神様は、自分と他人を区別しないから。
・幸せの神様は、あなたが成功できることを知っているから。
・幸せの神様は、地球の人々は、皆、兄弟であることを知っているから。

そして、その「幸せの神様」とは、あなたの魂（ハイヤーセルフ）そのものです。

094
宇宙

「分離」から「統合」へ。
「所有」から「共有」へ。

いま、人々の意識は、「分離」から「統合」へ急速に進んでいます。

魂はいつでも統合意識です。

その魂の見えない世界が、この世の中の95％を占めています。

地球の次元上昇に合わせ、見えない世界を意識化することが強く求められます。

本当に大切なことは見えない領域にあるのです。

そのことに気付ければ、もうあなたは新世界にいます。

多くの人がそのことに気付いた先には、愛と調和を本質とした新しい時代が来ます。それは、お金、物、家、土地、などの物質所有の時代が徐々に終わることを意味します。皆で物や愛を共有する時代です。

わたしたちは、相互に依存して生きています。

「おたがいさま」の精神は、日本から世界へ広がります。

人類が統合意識に進むと、無価値観が消え、わたしたちの存在そのものに価値あることが明確に分かってきます。

そういう意識では、他人と接する時も「愛」のまま接することができます。

ひいては、他人のすべての行為を受け入れられるようになります。

０９５
魂

「ワクワク、ドキドキ」

したらそれが答え。

決断や選択に迷ったらこのように考えてください。

「ワクワク、ドキドキする」その選択肢があなたの答えです。

それは必ずしも、他人にとって大した出来事ではなくても、あなたがワクワク、ドキドキするのであれば、それが正解なのです。

人生の成功は、決して数値目標でもなく、他人からの評価でもないのです。

あなたが幸せであること。

そして、周りもあなたの幸せを見て満足できること。

それが「人生の幸せ」であり本質です。

いまの学校教育は押し付けの暗記教育が中心で、子どもはワクワク、ドキドキするような体験ができなくなっています。

やらされていると思ってやるのではなく、主体的に自らやりたいと思うことが重要で、そのことが脳を刺激し、発達を促すことに繋がるのです。

魂には本来、「自由に、楽しく、心が揺さぶられる体験をしたい」という本能的欲求が備わっているのです。

さらには、主体的であればあるほど、魂の成長は加速するのです。

096
自己

「頑張る」は「我を張る」

頑なに意地を張ること。

「頑張る」の語源は、「我を張る」

「必死」の語源は、「必ず死ぬ」

「努力」の語源は、「奴と力の勝負をする」

「一生懸命」の語源は、「一生、命を懸けて何かをする」

「使命」の語源は、「誰かのために命を使うこと」

これらはいずれも、これまでの物質社会、競争社会、縦社会の象徴的な表現です。


これからの「風の時代」や「みずがめ座の時代」では、過度に頑張り過ぎず、必死にならず、努力せず、一生懸命にならずに、風の吹くまま、水流の赴くままに身を任せて、成り行きで過ごすと、絶妙なタイミングで大宇宙があなたをサポートします。

「そのタイミングを楽しく待つ」くらいがちょうどいいのです。

完璧を求めず、適度に適当が大切です。

リラックスして、ワクワク、ドキドキして、いやなことも受容して、生きてみたらいかがでしょうか？

新しい世界は、あなたの人生をとても充実したものに変えるでしょう。

０９７
自己

「アダルトチルドレン」や
「インナーチャイルド」の
克服は、知ること、受け入れる
こと、許すこと。

最近、「インナーチャイルド（ＩＣ）」や「アダルトチルドレン（ＡＣ）」に悩まされて大人に成長する人が増えています。

幼い時に、殴られたり、怒鳴られたり、虐待を受けていた場合にそうしたものに悩まされやすいですが、必ずしもそれだけとは限りません。思い出したくない出来事や、嫌な記憶や体験が引き金となり、心が癒されずに大人になると、時と場合により出てくるのです。

克服できずに大人になると、ノーと言えない、自信がない、居場所がない、プレッシャーでパニックになる、ストイックに完璧を目指す、人の悪いところが目に付く、挑戦するのが嫌い、つい依存してしまう、変な人とばかり付き合ってしまうなどマイナスな感情が出てしまいます。

対策として、まず過去の自分を振り返ること、そして、過去の出来事を受け入れること。それは自分の責任ではないと許してあげることとです。

原因が他人にある場合は、その相手と離れることが必須です。

離れることが難しい場合でも、できるだけ距離を置く方法を考えてください。

あなたの内側の魂は愛と光で満ちています。

自分も他人も許してあげてください。

０９８
人生

出来事は「必要」で「必然」に起こる。

「この世に起きる出来事は、すべて必要で必然、そしてベストのタイミングで起こる」これは松下幸之助が残した名言ですが、わたしも常々そう思います。

これは、災害もテロや戦争もコロナパンデミックも同じなのです。

戦争やテロは人々のエゴにより起こります。また、相手を尊重せず、自分の正義感を押し付けるために起こります。

コロナパンデミックについては、自然界の根底にある集合的無意識です。

人間は、人間的立場で善悪を捉えがちです。

地球的視野、あるいは、宇宙的観点で物事を捉えた場合、必要悪というのも存在するのです。

また、すべての出来事が学びに繋がるものであると捉えた場合、それは後々から考えると必要であった、ということは往々にしてあるのです。

これは、各々の人生においても同じです。

よって、「良いことも嫌なこともすべて自分に必要だった」と思うことで、人生がより楽に、前向きに生きることができるでしょう。

良くも悪くもあなたの捉え方次第です。

０９９
人間関係

時として、人は正論より、感情論に流される。

人は時として、正論より感情論に流されやすい傾向にあります。

正論論者はこう言うでしょう。

「論理的に正しいことは普遍的で万人に共通することであり、絶対的に正しい」

「感情論は個人の主観であり、曖昧なものに過ぎない」

一方、感情論者はこう言うかもしれません。

「人間は感情で生きているのだから、感情論こそ重要だ」

「正論は感情を無視した非情な考えだ」

より理性的な人ほど自分軸を持っており、流されない傾向にあります。

感情を抑えるといっても「無感情の人間になる」ということではありません。

「感情に支配される」のではなく、「感情を支配する」ということです。

なぜ人は感情論に流され易いのでしょうか？

なぜなら、人は弱い面をもち合わせているからです。

完璧じゃない自分と他人を理解してあげましょう。

相手に何かを説得する時は、相手の感情に配慮し、共感したあと、理屈を丁寧に説明してあげる方が良いでしょう。

１００
愛

「ありがとう」は、
「神様の波動」に近づく、
おまじない。

お互い支え合っているこの社会ですから、いつもありがとうの精神が大切です。

「ありがとう」の語源は、「有り難し」です。

神や仏が「有り得ないこと」を起こしてくれた時に、神や仏に対し称賛する言葉として使われたそうです。

つまり、一つひとつの奇跡に対し、「いつもありがとう」と称賛すべきなのです。

わたしたちは、もともとは1つの存在（ワンネス）です。

神から分け御霊として分離し、この物質社会に降りてきています。

そして、お互い支え合うことを約束してここに来ています。

だから、何が起きても、希望が実現しなくても「ありがとう」しかないのです。

だから、「ありがとう」は、「神様の波動」に近づくおまじないのようなものです。

逆に、不満や悪口を言えば、神様の波動から遠ざかり、奇跡を引き寄せ難くしてしまうのです。

そのことに気付いているから、わたしの口ぐせはいつも、

「ありがとう、ありがとう、ありがとう!!」

１０１
自己

やりたい時にやる。
やりたくなければ休む。
やりたくないことを断る。

「やりたい時に、やりたいことをやる」

「やりたくなければ休む」

「やりたくないことを断る」

これらを実行できている方は、どのくらいいるでしょうか？

新しい地球で目覚めるというのは、自分の本心に１００％素直になることです。

これまでの日本人は、自分の本心を隠して、表に出すことを我慢してきました。

もちろん人に迷惑をかけてはいけませんが、その場の空気を読み過ぎ、自分を出さないというのは眠りの選択です。

そうなると支配と依存の関係から脱却できなくなります。

もちろんその選択も本人が望んでいるのであれば正解となります。

あなたには完全な自由が与えられています。

一方、不自由な人生を選択するのも、あなたの自由です。例えば、束縛される不自由な人生や本心に従わない不自由な人生を選択するのも、あなたの自由です。

だからこそ、あなたの魂とよく相談をして決めなければいけません。

もう新しい時代に入っています。

あなたは今日、自分の魂となにを話しましたか？

１０２
愛

自分が自分を信じないで、
一体、誰が信じるの？

自分が自分を信じないで、一体、誰が自分を信じてあげられるのでしょうか？
一体、誰に信じて欲しいというのでしょうか？
家族ですか？　それとも友人ですか？
例え、家族や身近な人たちであっても、他人は他人で、あなたとは違う存在なのです。

自分のことを「他人任せ」にして良いのですか？
自分の能力を疑い過ぎていませんか？
誰よりも自分が、一番あなたを信じてください。
自分のことを信じられない時は、前世の記憶が邪魔をしていることがあります。
そんな時には、潜在意識にある自信スイッチのロックを外す必要があります。
方法は簡単です。小さなことでいいので、成功体験を積み上げるのです。
確実にできる目標をつくり、達成したら自分を褒めてあげましょう。
そして、少しずつ、自分は何でもできると潜在意識に記憶させるのです。
本来自分は、何でもできる存在だということを知りましょう。
「さあ、一歩踏み出す勇気を！」そう覚悟を決めた時、すべてがうまくいくのです。
大丈夫。あなたが自分を信じれば、宇宙は無限にサポートをしてくれるでしょう。

１０３
人生

選択と自由は2つで1つ。
自由と責任も2つで1つ。

「ほとんど人間は実のところ自由など求めてはいない。なぜなら自由には責任が伴うからである。皆、責任を負うことを恐れているのだ」

これは、有名な心理学者ジークムント・フロイトの言葉です。

現代でも、中（あた）らずと雖（いえど）も遠（とお）からずと言えるのではないでしょうか。

なぜ、人間は責任を負うことを恐れているのでしょうか?

それは、この社会に、失敗を非難する風潮があるからです。

そのせいで、人は周りの目を過度に気にするようになるからです。

失敗を許容する寛大な心が求められます。

因果律が大宇宙の法則であるならば、「自由と責任」や「自由と選択」も2つで1つと言え、原理原則なのです。

ナチスの強制収容所を体験した心理学者のヴィクトール・フランクル（オーストリア）は、自身の著書「夜と霧」で「自由」についてこう述べています。

「権力者は強制収容所に人間をぶち込んですべてを奪うことができるが、たった1つの与えられた環境でいかに振る舞うかという、人間としての『最後の自由』だけが奪えない」

「つまり、人間は一人ひとり、このような状況にあってもなお、収容所に入れられた自分がどのような精神的存在になるかについて、何らかの決断を下せるのだ。典型的な収容者になるか、あるいは収容所にいてもなお人間として踏み留まり、己の尊厳を守る人間になるかは、自分自身が決めることなのだ」

そして、続けてこのように述べています。

「かつてドストエフスキーはこう言った。『わたしが恐れるのはただ一つ、わたしがわたしの苦悩に値しない人間になることだ』」

つまり、「どのような状況下にあっても、本当の意味での自由、精神的自由を奪うことはできない」と言っているのです。

自由は宇宙の絶対的原則であり、神聖なものなのです。

一方で、自由を求めるのであれば、選択や責任を伴うのも然りなのです。

今、現代人はその原則を忘れつつあるように思います。

当たり前のことではありますが、再度自分に問いかける必要があります。

随筆5

言行一致で自分に素直になる。

真我（魂）と繋がるには、言行一致で、自分に素直になることが必要です。言っていることとやっていることが不一致だと、魂（潜在意識）は迷ってしまうのです。

あなたの希望が分かりづらいのです。

「思考し、発言し、行動する」これらは、一致しているからこそ実現が早まるのです。

想いが実現しにくいと感じている人は、言行が一致しているかを再確認してみてください。

また、例え言葉に出さなくても、想っていることは魂に伝わっています。

あなたの想いと言葉も一致させてください。

すると、魂との会話ができるようになり、その先に想いの実現が可能となる日も来るでしょう。

１０４
魂

魂の転生回数は、
人によって異なる。
皆、人間の前は動物の魂だった。
魂レベルで差別しない。

魂の転生回数は人によって異なります。

また、人間に転生する前は、わたしたちは動物の魂でした。転生回数が少ないからといって差別することではありません。皆、同じ道を辿っています。

転生回数が少ない人ほど、次のような特徴があります。

・ネガティブ思想が強い。落ち込むことが多い。

・自分に素直になれない。

・自己肯定感が低い。自己嫌悪感が強い。自分が嫌い。

・他人を意識する、比較する、評価を気にする。他人を変えようとする。

・依存しやすい。自立していない。意思決定をしない。ルールに従うのが好き。

・スピリチュアル（精神世界）を信じない。

・内観をしない。外側に目を向ける。

・真理や真実に興味がない。

・富や名声や地位に執着がある。

転生回数の少ない魂は、これから多くの経験をして、たくさん成長します。

魂は、この物質社会でこそ、より早く、よりたくさん成長できるのです。

魂の成長のために、ポジティブな感情を意識すると現世で成長が加速します。

１０５

人間関係

他人と比較しない、争わない、評価しない。

わたしたちは子どもの頃から、ある意味、ずっと競争の世界に身を置いています。

学校では勉強や運動の優劣、社会に出れば会社名や年収、地位や昇進など、常に人と競い、評価を受けながら暮らしているのです。

そんな環境の中では、自分で自分を客観的に評価するのは難しく、常に人からの評価を気にし、その評価を自己能力の測るものさしにしてしまいがちです。

それはひいては、自分で自分を評価できない、自分の能力を信じられないという自己否定、自己嫌悪、自信欠如に繋がってしまいます。

なぜあなたは、そんなに他人の評価を気にしているのですか？

他人はあなたを必ずしも幸せにしてはくれません。

他人は必ずしもあなたの望む人生を約束してはくれません。

本来、自分の中での満足感や達成感があれば、その満足感などを自分の価値として評価するべきなのです。

そのためには、数字や順位といった、客観的な評価は気にせず、自分がワクワクする気持ちを優先しましょう。

また、他人を競争相手と捉えず、仲間であると捉えるようにしましょう。

さらには、他人との比較を止め、昨日の自分と比べて成長過程を楽しみましょう。

１０６
愛

「まぁいっか！」や「なんとかなるさ！」は、不安が消える魔法の言葉。

突然ですが、あなたの口癖は何ですか？

わたしは、「まぁいっか！」が口癖で、YouTube動画でもよく言ってしまいます。

「まぁいっか！」が口癖の人は、完璧主義ではない、自分の失敗を許す、楽天的であり落ち込みづらいなどの特徴があります。

「なんとかなるさ！」と自分に言い聞かせる時も同じです。

これは、物事に対し適当にすることとはまるで違います。

むしろ逆で、自分では解決できないことに意識を向けるのをやめて、自分で解決できることに集中するための言わば「心の切り替えスイッチ」です。

「まぁいっか！」「なんとかなるさ！」は、不安や恐れを手放す魔法の言葉なのです。こうした言葉を口にすることで、あなたはこれまでよりもずっと生きやすくなり、心の平穏を保つことができるのです。

「みずがめ座の時代」や「風の時代」の新しい地球では、このような考えは特に重要です。

いつでもあなたは自由でいい。

いつでもあなたは楽観的でいていい。

なぜなら、人生の主役はあなただから。

１０７
健康

睡眠は、体にも、
脳にも、心にも、
魂にも、とても重要。

日本は、世界の他の国と比較しても、とりわけ睡眠時間の短い国です。

平均睡眠時間は、アメリカで8.8時間、中国で9時間である一方、日本は7.3時間だそうです。

人生の3分の1は睡眠と言われていますが、なぜそこまで睡眠が必要なのでしょうか？

人間の「体」にとって必要な睡眠時間は、3〜4時間で十分ですが、「心」や「魂」にとって必要な時間はもっと長く、睡眠はとても重要です。

魂は寝ている時に活発に活動します。

ですから、あなたの魂の想いを実現するには、適切な睡眠が重要なのです。

睡眠のゴールデンタイムは22時〜2時です。早寝早起きを心がけましょう。

そのためには、お酒やコーヒーを適量とすることも大切です。

そして、起きたら早めに朝日を浴びることが必要です。

朝日は自律神経やホルモンバランスを正常化します。

直感も働き易くなります。

睡眠は、質と量の両方にこだわりましょう。

１０８
自己

動きながら考える。
動きながら改善する。

あなたは「考えてから動く」タイプですか？

それとも「動いてから考える」タイプですか？

わたしは「動きながら考える」または、「動きながら改善する」タイプです。

なぜなら、考えていても、実際に動いてみないとわからないことが多いからです。試行錯誤することで改善点が見つかり、思わぬアイディアが生まれることがあります。

最近は、「自己責任論」という責任を追及する社会が蔓延しています。

そのことは、多くの人が積極的に動くことを妨げているのです。

人間は動くと脳に流れる血液が増え、それにより脳の働きが促進され、認知能力が向上して創造性も増すと言われています。

天才物理学者アルベルト・アインシュタインは、自転車を漕いでいる時に相対性理論を思いついたといいます。また、作曲家ベートーヴェンはたびたび仕事の手を休めては、着想を得るために長い時間、散歩したと言われています。

このような偉人の教えから、わたしたちも、動きながら考えればいいのです。

大事なのは、失敗から学び、改善することです。

これからの時代は、他人を責めない、他人と比較しない、他人を過度に意識しない世界になるので、やりたいと思った時が、あなたの最善の時です。

１０９
時間

「いま、この瞬間」は、
神様からの「贈り物」。
人生はパラパラ漫画で、
不連続の「いま」が永遠と続く。

「いま、この時」というのを英語で表現すると「present（プレゼント）」となります。つまり、「いま、この時」は、神様からの贈り物なのです。

「過去は幻想で未来は妄想」なのです。いつまでも続く不連続の「いま」があるだけなのです。人生はパラパラ漫画と同じく、「いま」が永遠と続いています。

自由意志が行使できるのは「いま」だけであるため、「いま」と「過去、未来」はまったく別物なのです。

この世界は「刹那生滅」の世界です。一刹那ずつ生きては死に、死んでは生きるというのを繰り返しているのです。

・テレビやネットのニュースや情報が絶えず気になり不安になる。
・同僚やママ友と自分を比較して、焦りや嫉妬を感じてしまう。
・過去の失敗や悲しみを思い出して後悔し、もやもやする。
・不確実な将来のリスクを意識し過ぎて、心配し、取り越し苦労をする。

これらはどれも外側の情報にエネルギーを向けているからに他なりません。意識を自分の内側に向けることで、内なる神（魂）との対話が増え、多くの心配や不安、悩みが消えていきます。

自分の内側には小宇宙が広がっています。

小宇宙と繋がることで多くの悩みが消えていきます。

110
愛

「トイレの神様」の正体は微生物。

トイレには、烏枢沙摩明王（うすさまみょうおう）という、財運を上げてくれるご利益のある神様がいると言われています。

実は、トイレのご利益は、財運だけではなく、本当は商売繁盛、健康、家内安全、交通安全、縁結び、子授け、厄除け、学業成就など多くのものがあります。

ではなぜトイレには、ご利益の神様がいるのでしょうか？

それは、「トイレの神様」の正体は微生物だからです。

便や尿は体内の腸内細菌類のカスであり、微生物の死骸ともいえます。死骸として排出されても、微生物たちの魂は死なないので、トイレ空間に意識が漂っています。

多くの微生物は、わたしたちの体を守ってくれています。体内を守ってくれていた微生物に対し感謝をし、敬意を払うために、トイレは常にきれいに保っておくことが大切なのです。きれいな状態に保ち感謝を伝えることで、トイレの微生物の神様は、あなたに様々なご利益をもたらしてくれます。

また、こまめな換気、場を清める盛り塩を置くこと、観葉植物や生花を飾ることなどもご利益の効果を上げてくれます。

111

未来

未来はとても
希望に満ちている。
意識が広がった先の
「黄金の千年王国」

新しい地球は、決して悲観する世界ではありません。

これまで以上にあなたの願望が現実化する世界なのです。

望むことや意識することが大切です。

これまでの「闘いや争いのつくられた地球」から「愛と調和に満ち溢れた循環型の地球」に新しく生まれ変わるのです。

いまは、地球全体のアセンション移行期です。

意識が広がった先に「黄金の千年王国」がやってくるのです。

それは人々の集合意識によってなされるものです。

誰かによってもたらされるものではありません。

多くの人が望むものです。

望むから引き寄せられるのです。

あなた自身が、力強い存在であることを思い出してください。

あなたはアセンションするこの時期に転生することを望んで、この地球に喜んで来たはずです。思い出してください。そして、希望をもってください。

新しい世界は、あなたたちが主役の時代です。

ワクワク、ドキドキして日本から世界に発信してください。

おわりに

いま、時代は、新しい世界へ進もうとしています。

地球全体のアセンション移行期です。

地球が先に波動を高めています。

波動領域を広げています。

まるで、ラジオの周波数帯が広がるように、どんどん波動領域が広がっています。

これを「分離」や「分断」と捉えなくていいのです。

「個性の尊重」であり、その重要さを学ぶにつれ、のちにわたしたちが主役となる時代を迎えるのです。

人生の選択に正解はありません。

どちらの世界が正しいということではないのです。

その答えを、あなた方自身が導き出すのです。

学校のテストとは違います。

どちらの波動領域が正しいとか、波動が高いからよい、というのはまったくの誤解です。

あなたが世界を選んでいます。

あなたの自由意志と向き合う必要があるのです。

これからの世界を生きづらいと思うのであれば、それは自分自身と向き合っていないからです。

時間が経つにつれ、その意味合いが分かるようになります。

社会や世界が変わっていくからです。

光と闇は表裏一体なので、暗闇の中の輝く星々を見つけようと意識しないと、なかなか気付きづらいかもしれません。

国民の意識の次元上昇につれ、真実が次々とディスクロージャーされていきます。

大宇宙の銀河連合（異星人や異次元の精霊たち）は、温かく見守りながら、必要な時に必要なサポートをします。

重要なことは、人々自身が新しい世界を創り上げていくことです。

そのための扉は確実に開いています。

心理カウンセラー　なると

なると（本名・深谷のぶゆき）

株式会社なると未来書店　最高執行責任者兼代表取締役社長
1979 年埼玉県生まれ。

大学卒業後、18 年間官公庁を務め、40 歳で独立し経営者となる。現在は、講演家、著述家、哲学者、心理学者、未来学者、技術士、プライベートバンカー、フューチャリストとして活動。

オンラインサロン「なると塾」を主宰。

経営コンサルティングや心理カウンセリングをしながら、人生の自己実現や願望、奇跡を実現するためのセミナーや講演会を行うため、全国行脚をしている。2022 年は、全国 50 カ所 以上で講演会やセミナーを実施し、延べ参加者数は 2,000 人にのぼる。

著書に、

『意識革命～幸せも成功もすべてあなたの意識から生まれる～』

『2072 年から来た未来人と魂の教室（上巻）』

講演会・セミナー　https://peatix.com/group/11402985/events
オンラインサロン　「なると塾」https://yoor.jp/door/rutoo
Twitter　「なると」　https://twitter.com/rutoo
YouTube　「なるとアカデミー」、「なるとニュース解説」

サロン⇩　講演会⇩

２０７２年から来た
未来人と魂の教室（上巻）

○50年後の未来人と日本の青年の愛と感動の物語。
○宇宙とスピリチュアルの真実。
○日本の未来の行方。
○全国書店、Amazon、楽天などで購入可能。
2,200円（税込）

意識革命

Kindle で絶賛発売中
○幸せも成功もすべてあなたの意識から生まれる。
○もう一人のあなたである「魂」との向き合い方。
○電子書籍　　1,100円
○ペーパーバック　1,760円
（いずれも税込）

新世界で未来を拓く
新しい生き方
～神様からの伝言 111～

A New Way of Life to Open the Bright Future
in a New World by Naruto

第一刷発行	2023年4月17日
著　者	深谷のぶゆき
カバー・デザイン	深谷のぶゆき
発行所／発売所	株式会社なると未来書店 https://naruto777.com/
印　刷／製　本	シナノ書籍印刷株式会社

ISBN 978-4-9912870-1-5